L'intégralité de votre livre* accessible en ligne

avec une simple connexion Internet !

OFFERT LIVRE EN LIGNE

+ Des outils utiles et intuitifs :

- sommaire interactif
- surlignage en couleurs
- notes personnelles et marque-page.

Pour ACTIVER votre livre en ligne

- Rendez-vous sur www.nathan.fr/livre-en ligne .
- Créez un compte **Nathan** en suivant les indications en ligne.
- Cliquez sur « Activer un livre », saisissez votre clé d'activation personnelle puis le mot du livre qui vous sera demandé.

Votre clé d'activation personnelle :

ANPDRK-NRX-B24G

Pour toute CONNEXION ULTÉRIEURE

Connectez-vous sur www.nathan.fr/livre-en-ligne avec vos identifiants **Nathan**.

IMPORTANT

Votre clé d'activation est unique et personnelle : une fois utilisée, elle ne sera plus valide. Elle offre un accès de 24 mois à compter de la date d'activation. Elle est réservée à un seul utilisateur et ne peut être partagée.

Configuration minimale requise : Internet Explorer 8, Mozilla Firefox 3.4, Chrome, Safari, Opera toutes versions.

Retrouvez les conditions générales d'utilisation sur www.nathan.fr/livre-en-ligne.

*Service disponible à partir du 21 juillet 2022.

Repères Pratiques Créer son e-commerce 978-2-09-167682-1

Nathan

REPÈRES PRATIQUES

CRÉER *son* E-COMMERCE

Sous la direction de Xavier BOUVIER
Olivier ANDRIEU
Eytan BENDENNOUNE
Jean-Marc HERELLIER
Michelle JEAN-BAPTISTE
Philippe JEAN-BAPTISTE
Smaïl MAAKIK
Patrick PUILLANDRE
Philippe USSEGLIO-NANOT

Nathan

Les auteurs

Xavier Bouvier

Praticien de l'e-commerce dès 1997, il crée plusieurs start-up. Maître de conférence associé à l'université d'Évry-Paris Saclay, il est aujourd'hui responsable de la licence professionnelle E-commerce et Marketing numérique, enseignant et consultant pour de grandes écoles de management et d'ingénieurs.

Olivier Andrieu

Éditeur du site Abondance.com, il s'intéresse depuis 1993 aux moteurs de recherche, au référencement et à la visibilité des sites Web.

Eytan Bendennoune

Consultant en stratégie d'achat média après 7 années passées en agence conseil en achat d'espace publicitaire, il intervient également auprès de l'IUT d'Evry, de l'EFREI et de TPE/PME.

Jean-Marc Herellier

Consultant, il est spécialisé dans l'architecture des sites de commerce électronique.

Michelle Jean-Baptiste

Fondatrice du cabinet Top&Win, créé en 1998, docteure en droit et *Business Developper*, cette spécialiste du droit de l'Internet et des start-up accompagne depuis plus de vingt ans les porteurs de projets et les entreprises dans leur déploiement *on-line* en France et à l'international. Conférencière au sein de grandes écoles de commerce et d'ingénieurs, elle est également l'auteure de plusieurs livres de référence sur le e-commerce, le e-marketing, les réseaux sociaux et l'entrepreneuriat innovant.

Philippe Jean-Baptiste

Consultant en transformation digitale, enseignant-chercheur au LEST (Aix-Marseille), conférencier et auteur de livres sur l'économie et le marketing.

Smaïl Maakik

Co-fondateur de la startup E-Works.fr, site emploi spécialisé dans le e-commerce et le numérique, il occupe le poste de consultant webmarketing associé au sein de l'agence digitale CulturBan, spécialisée dans le BtoB. Il est aussi conférencier et blogueur sur les thèmes du référencement, du e-commerce et de la e-réputation.

Patrick Puillandre

Directeur d'une filiale digitale d'un groupe de communication, il enseigne aussi le SEO *(Search Engine Optimization)* et le e-marketing dans diverses écoles et universités.

Philippe Usseglio-Nanot

Maître de conférences associé (IUT-TC Université d'Evry), il enseigne le marketing ainsi que la publicité sur Internet et assure des prestations dans le design sonore.

Édition : Magali Hubert, Florence Terrasse
Conception couverture : Vincent Rioult
Conception maquette : Thierry Méléard, Isabelle Jalfre
Fabrication : Laura Milhomme
Composition : PCA

Sommaire

Créer sa start-up : mode d'emploi juridique et pratique

Quelles sont les règles pour assurer la réussite du lancement des start-up ? Comment les mettre en œuvre ?

Savoir ce qu'est une start-up

Une entreprise innovante

À l'origine, on considérait comme des start-up (« jeunes pousses » en français) uniquement les entreprises technologiques pouvant envisager une croissance rapide grâce à une innovation majeure. Avec l'avènement d'Internet et du e-business à la fin des années 1990, la notion de start-up a été étendue à toutes les entreprises du Web, innovantes non plus seulement par leur secteur d'activité (informatique, Internet, audiovisuel, télécoms, biotechnologies), mais aussi par leurs méthodes de commercialisation (e-commerce, affiliation, *netlinking*, téléchargement d'applications, publicité *on-line*) ou leur mode de développement.

Exemple
Les éditeurs de jeux *on-line*, les développeurs de réseaux sociaux ou les e-commerçants comme Google, Yahoo!, Twitter, Priceminister, Amazon ou Blablacar sont des exemples de start-up.

Une jeune entreprise à croissance rapide

Ce qui caractérise aussi fortement la start-up et ce qui la différencie d'une entreprise traditionnelle est sa jeunesse et sa forte croissance.

Les start-up sont « jeunes » à double titre :

– leurs fondateurs sont souvent des autodidactes, des étudiants ou des diplômés tout juste sortis de l'école ;

Exemple
Mark Zuckerberg a créé Facebook à l'âge de 20 ans alors qu'il était étudiant à Harvard. Avant lui, Steve Jobs avait créé Apple à 21 ans et Bill Gates avait fondé Microsoft à 20 ans.

– la structure a souvent moins d'un an d'existence lorsqu'elle connaît ou est appelée à connaître une croissance rapide de son chiffre d'affaires et de son capital.

Exemple
Netscape, première société à commercialiser un navigateur Web, a été créée le 4 avril 1994 et est entrée en Bourse le 9 août 1995. En une journée, la jeune start-up a vu le cours de son action exploser, passant de 28 à 75 dollars, pour atteindre 2 milliards de dollars de capitalisation boursière.

Une petite entreprise ayant de gros besoins de financement

Pour pouvoir financer sa croissance rapide, la start-up a besoin d'investissements importants, notamment pour :

– la recherche et le développement (R & D) ;

– les opérations de marketing et de communication ;

– les besoins en personnels.

Les besoins financiers d'une start-up sont importants et interviennent dès la création de l'entreprise, alors que les produits ou services ne sont pas encore totalement réalisés ni commercialisés et que le chiffre d'affaires ne permet pas encore de financer les besoins. Ainsi, les start-up ont souvent réalisé au moins un tour de financement extérieur avant leur deuxième, voire parfois même leur première année d'existence.

Choisir la forme juridique, fiscale et sociale la mieux adaptée

Société française ou étrangère?

Dès la conception du projet, une start-up affiche souvent des ambitions internationales. La question de la nationalité de la structure à créer se pose donc assez vite, surtout en France où l'on se plaint très souvent de la lourdeur des taxes auxquelles sont assujetties les entreprises. Aussi a-t-on vu fleurir sur Internet de nombreux sites proposant de monter « en deux clics » une entreprise au Delaware, en Irlande, à l'Ile Maurice ou au Luxembourg.

Attention, cependant, à ne pas tomber sous le coup d'une requalification par l'État français de la création d'une structure *offshore* en évasion fiscale ! Une seule motivation doit pousser à s'installer à l'étranger : les liens directs entre le pays concerné et l'activité de l'entreprise ainsi que la capacité d'apporter la preuve que l'administration, la gestion et la direction de la société ont effectivement lieu sur place, c'est-à-dire dans le pays officiellement choisi pour accueillir le siège social.

Indépendant, SARL, SAS ou SA?

Le choix du statut juridique de la start-up dépend de plusieurs critères. Étant donné la nécessité de faire rentrer des capitaux rapidement au sein de l'entreprise, le statut d'indépendant n'est pas adapté mais peut néanmoins être envisagé dans une phase de transition, si le créateur de la start-up a besoin d'une entité juridique officielle pour engager des frais ou asseoir les propriétés intellectuelle et industrielle liées aux produits ou aux services qu'il développe.

La SARL, quant à elle, pourra être tolérée dans une première phase de développement et/ou dans le cadre de prises de participation familiale ou amicale (en *love money*) mais devra très vite céder sa place à la SAS ou à la SA, mieux adaptées pour accueillir des investisseurs dans le capital et offrir davantage de crédibilité. En effet, les SAS et les SA sont des sociétés par actions, la SA étant même susceptible d'introduction en bourse et la SAS admise, sous conditions certes, à l'émission d'obligations.

Le statut de jeune entreprise innovante (JEI)

Le statut de JEI a été créé par la loi de finances pour 2004 et a pour objectif d'encourager les start-up qui engagent des dépenses de R & D représentant au moins 15 % de leurs charges.

Pour bénéficier du statut de JEI, la start-up doit répondre à un certain nombre de conditions et doit se déclarer spontanément au service des impôts dont elle dépend et remplir un dossier de demande. Un modèle de demande d'avis préalable est disponible sur le site du Bulletin officiel des Finances publiques (bofip.impots.gouv.fr). (➤ POUR ALLER PLUS LOIN)

Les entreprises concernées peuvent bénéficier d'avantages fiscaux et sociaux. Ce dispositif permet aux JEI de bénéficier d'une exonération :

– de l'impôt sur les sociétés ou de l'impôt sur le revenu à raison des bénéfices réalisés lors du premier exercice ou de la première période d'imposition bénéficiaire, puis d'une exonération partielle à hauteur de 50 % pour le second exercice ;

– de la contribution économique territoriale (CET) et de la taxe foncière pendant 7 ans sur délibération des collectivités territoriales. Cette exonération d'impôt est cumulable avec le crédit d'impôt recherche (CIR) mais pas avec les mesures d'exonération ou de crédit d'impôt prévues en faveur des entreprises nouvelles implantées dans certaines zones d'aménagement du territoire ou exerçant ou créant une activité en zone franche urbaine ;

– des cotisations patronales de Sécurité sociale pour les personnels participant à la recherche mais aussi pour les mandataires sociaux relevant du régime général de Sécurité sociale s'ils exercent au sein de l'entreprise une activité de recherche ou une activité de gestion du projet de recherche à titre principal. Cette exonération s'applique jusqu'à la fin de la septième année suivant la création de l'entreprise.

Il est à noter néanmoins, qu'en respect du règlement européen d'exemption par catégorie « de minimis », le montant total des aides fiscales accordées à l'entreprise placée sous le régime des JEI ne peut pas excéder 200 000 € sur 3 exercices consécutifs et que l'exonération des cotisations patronales est limitée à un montant de rémunération mensuelle brute inférieure à 4,5 fois le SMIC par bénéficiaire et est plafonné, tous salariés confondus, à cinq fois le plafond annuel de la Sécurité sociale par année civile.

Recruter une équipe sûre et efficace

Faire le bon casting

La plupart des start-up démarrent autour d'un groupe d'amis et c'est souvent assez naturellement que les premiers collaborateurs sont recrutés parmi les relations personnelles. Mais attention à ne pas perdre de vue l'essentiel, à savoir la cohérence entre les compétences requises, le profil des membres de l'équipe, la capacité de financement et les objectifs de l'entreprise. Les règles de recrutement classique ont plus que jamais vocation à s'appliquer aux start-up.

Associés, salariés ou prestataires ?

Lorsque la start-up démarre, elle est souvent pauvre en trésorerie et l'idée de recruter des salariés peut être vite balayée, faute de moyens. Pour autant, les bonnes volontés ne manquent pas et il n'est pas rare que des compétences soient mises à contribution, bénévolement ou sans statut défini.

La tentation est alors grande de vouloir « compenser » en proposant à ces appuis des premiers jours d'entrer au capital en tant qu'associés. De même, on peut être tenté de salarier des profils dont on n'aura peut-être besoin que de manière ponctuelle.

Comment choisir le statut des membres de son équipe de manière judicieuse ?

Privilégier le statut…	Si le collaborateur apporte…	Si l'entreprise a besoin de…
d'associé	– des capitaux ; – sa notoriété ; – son réseau ; – une vision stratégique ou managériale.	fidéliser cette compétence.
de salarié	– un savoir-faire managérial ou opérationnel ; – du temps disponible en quantité suffisante sur la durée.	– fidéliser cette compétence ; – posséder des droits de propriété intellectuelle ou industrielle liés au travail du collaborateur.

…

Privilégier le statut…	Si le collaborateur apporte…	Si l'entreprise a besoin de…
de prestataire	– une compétence rare ou ponctuelle ; – ou une compétence trop chère.	souplesse dans la gestion de cette ressource.

Trouver des financements

Valoriser son entreprise

Une start-up dispose rarement de données comptables suffisantes et peut difficilement effectuer des comparaisons avec d'autres sociétés. Les méthodes de valorisation à privilégier dans ce cas seront celles liées à la rentabilité, sachant qu'une attention particulière doit également être portée à la trésorerie disponible, qui permettra à l'entreprise de distribuer des dividendes.

Solliciter les financeurs

Il existe de nombreuses sources de financement des start-up.

Exemples
Love money (proches, amis), banques, *business angels*, investisseurs, aides publiques…

Pour sélectionner la source de financement la mieux adaptée, plusieurs critères sont à considérer :

– le type d'activité que l'on souhaite financer (étude de faisabilité, prototype, R & D…) ;

– le niveau de financement demandé ;

– la prise de pouvoir effective et statutaire des financeurs au sein de la start-up.

POUR ALLER PLUS LOIN : LES 6 CONDITIONS D'ÉLIGIBILITÉ AU STATUT DE JEI

Pour obtenir le statut de jeune entreprise innovante, une entreprise doit, à la clôture de son exercice et simultanément :

– avoir moins de 11 ans d'existence au moment de la demande ;

– être une PME employant moins de 250 personnes au cours de l'exercice fiscal ;

– réaliser un chiffre d'affaires inférieur à 50 millions d'euros ou disposant d'un total de bilan inférieur à 43 millions d'euros ;

– être réellement nouvelle, ne pas avoir été créée dans le cadre d'une extension d'activité préexistante ;

– réaliser au moins 15 % de ses dépenses en R & D à l'exception des pertes de change et des charges nettes sur cessions de valeurs mobilières de placement, fiscalement déductibles au titre du même exercice ;

– être indépendante au sens du Code général des impôts (art. 44 sexies).

Bon à savoir : Un décret du 28 février 2019 est venu préciser les critères permettant de définir une entreprise innovante. L'innovation doit avoir été financée par une personne morale ou un fonds d'investissement alternatif, ou accompagnée par une structure dédiée aux entreprises innovantes. Pour solliciter le statut de JEI, l'entreprise doit aussi être à jour de ses obligations de déclaration et de paiement à l'égard de l'Urssaf.

Petite histoire pour comprendre Internet

Revenir sur l'histoire d'Internet permet de comprendre comment cette innovation technologique d'origine militaire, déjà vieille de 50 ans, est devenue un média incontournable, notamment pour les échanges marchands.

Qu'est-ce qu'Internet ?

Un réseau de réseaux

Internet est un réseau de réseaux, ou plus exactement une multitude de réseaux connectés entre eux. Le nom « Internet » vient de l'anglais *internetting* qui signifie interconnecter des réseaux.

Lorsqu'on se connecte à Internet, on se connecte souvent sans le savoir à ce gigantesque ensemble de réseaux, et ce *via* notre fournisseur d'accès qui est, en quelque sorte, notre porte d'entrée vers ce maillage planétaire de réseaux.

Une audience considérable

En avril 2021, la France comptait un peu plus de 53 millions d'internautes (source : Médiamétrie) contre seulement 3 millions au début des années 2000.

Au niveau mondial, on recense 4,2 milliards d'internautes sur une population de 7 milliards de personnes, soit 59 % de la population. On dénombre pratiquement 300 millions de noms de domaine enregistrés (source : Verisign).

Comment le réseau s'est-il construit ?

Une idée d'origine militaire

L'idée de l'interconnexion de réseaux est d'origine militaire. En 1962, l'armée américaine désirait créer un système de communication décentralisé. Ce système devait fonctionner même si un ou plusieurs maillons du réseau devenaient inutilisables. Cela était possible grâce à l'interconnexion de réseaux, les messages pouvant transiter par une multitude de chemins.

Arpanet, l'ancêtre d'Internet

En 1969, cette interconnexion a été mise en œuvre par quatre universités et centres de recherche américains : l'université de Californie à Los Angeles (UCLA), l'institut de recherche de Stanford, l'université de Californie à Santa Barbara et l'université de l'Utah. L'ancêtre d'Internet, que l'on nommait à l'époque « Arpanet », était né.

Quelles ont été les évolutions majeures ?

Le courrier électronique

En 1971, l'ingénieur américain Ray Tomlinson conçut le premier programme permettant de gérer une messagerie entre plusieurs ordinateurs. L'e-mail venait de faire son apparition. En 1973, les échanges de courriers représentaient 75 % du trafic sur Arpanet.

Avec le courrier électronique allait aussi apparaître le spam. Sa naissance a officiellement été enregistrée le 3 mai 1978 avec l'envoi du premier spam par un commercial de la société informatique DEC.

Les protocoles

En 1983 se met en place le protocole TCP/IP, le fondement technique d'Internet, toujours en vigueur aujourd'hui. Il est la combinaison de deux protocoles :

– TCP, mis au point pour faire communiquer des machines très différentes ;

– IP (*Internet Protocol*), le protocole de base d'Internet qui découpe les données en paquets et les encapsule avec les informations nécessaires à la transmission (adresses IP de l'expéditeur et du destinataire).

C'est en 1985 que l'extension «.com» voit le jour et il faudra attendre 1989 pour voir naître le premier fournisseur d'accès par réseau téléphonique, *The World*.

Le Web

L'année 1989 est une date importante dans l'histoire d'Internet avec l'arrivée de l'hypertexte, technique permettant de naviguer de page en page en cliquant sur des liens. Le démarrage est lent : en 1993, le Web représente seulement 1 % du trafic d'Internet avec 500 serveurs recensés.

Le commerce électronique

Au milieu des années 1990, le commerce électronique s'installe sur Internet. Jusque-là, les règles d'Internet prohibaient toute transaction commerciale sur le réseau. Beaucoup voyaient d'un très mauvais œil l'arrivée de commerçants sur un réseau dominé jusqu'alors par la gratuité et le partage d'informations. Mais les enjeux financiers ont été les plus forts, et le commerce électronique est aujourd'hui une activité majeure sur Internet.

Exemple

Le site Amazon a été lancé aux États-Unis en 1995. Cinq ans plus tard, son chiffre d'affaires était déjà de 2,6 milliards de dollars.

Les moteurs de recherche

Le premier moteur indexant des textes complets fut WebCrawler, apparu en 1994. Ce moteur n'effectuait les recherches que dans le titre des pages. C'est Lycos, né d'un projet universitaire, qui a connu le premier un grand succès commercial. La déferlante Google n'est arrivée qu'en 1998. Elle a depuis balayé une bonne partie de la concurrence.

Exemple

Depuis sa création, Google a vu son chiffre d'affaires croître de façon continue et l'entreprise a toujours été rentable, les bénéfices tournant autour de 25 % du chiffre d'affaires. Le CA, qui chiffrait 1 million de dollars en 1998, s'élevait en 2022 à 270,3 milliards de dollars, avec un bénéfice de 16,5 milliards de dollars.

L'éclatement de la bulle Internet

Au vu des immenses possibilités offertes par Internet, et notamment par les échanges marchands, des centaines de milliers de sociétés se créent pour surfer sur cette vague. Ce sont les start-up, entreprises stars des dernières années de la décennie 1990. Les investisseurs soutiennent le mouvement, et ces sociétés trouvent sans peine des financements démesurés. De très jeunes chefs d'entreprise sans grande expérience se retrouvent alors à la tête d'entreprises aux visées internationales.

Le 10 mars 2000, cette course est brutalement stoppée. L'indice Nasdaq plonge. Les investisseurs ne sont plus preneurs. La bulle Internet a éclaté.

Quelles sont les tendances à venir ?

De la consultation à la participation

Dès le début, Internet a été un réseau d'échange et de partage de l'information. La facilité d'accès à l'information, où que l'on soit et où qu'elle se trouve, a été l'une des clés du succès. L'internaute était alors consommateur de l'information mise à sa disposition.

Peu à peu, l'internaute est devenu acteur de cette information. Le phénomène a débuté avec la naissance des blogs, qui ont permis à tout un chacun de s'exprimer. Par ailleurs, de nombreux sites ont offert un espace pour que les internautes puissent contribuer à enrichir leurs contenus.

Exemple

Dès l'ouverture de son site, Amazon a incité les internautes à déposer leur avis sur les livres qu'ils avaient lus. Pour Jeff Bezos, le fondateur, c'était un excellent moyen de disposer de contenus écrits par la communauté, laquelle, par la même occasion, faisait office de conseiller pour guider les internautes.

Le phénomène s'est amplifié avec l'arrivée de sites dont le contenu est entièrement fourni par l'internaute, les plus représentatifs aujourd'hui étant Wikipedia, Facebook ou Twitter.

Le Web 2.0

Cette participation de plus en plus forte des internautes a donné naissance au concept Web 2.0, qui marque le changement de statut de l'internaute : de consommateur, celui-ci est devenu acteur. Parallèlement, de plus en plus d'outils et de services permettent à l'internaute de s'approprier le Web et de devenir producteur d'informations. Les plateformes de blogs se multiplient, les logiciels de création de forums s'installent en quelques clics et les logiciels de gestion de contenu, les CMS, se démocratisent. Quels que soient ses besoins ou ses envies, l'internaute a à sa disposition des outils libres, gratuits et conviviaux pour participer à Internet.

Les réseaux sociaux

Si l'internaute est devenu producteur d'informations, de contenus, il utilise aussi Internet comme un moyen d'étendre ses réseaux, d'en créer de nouveaux ou de participer à des réseaux existants. Les échanges entre internautes deviennent une composante majeure d'Internet. Ces échanges se font à travers les blogs, les messageries instantanées, les communautés virtuelles, les sites dédiés aux réseaux sociaux tels que Viadeo, LinkedIn ou Facebook, ou les sites de partage de photos et de vidéos comme Flickr ou YouTube.

Ces réseaux sont devenus des relais d'opinion majeurs qui accélèrent la propagation des informations, bonnes ou mauvaises, ou des rumeurs. À ce titre, ils ne peuvent plus être négligés par les entreprises, qui doivent, au minimum, contrôler leur image sur les réseaux. (➤ Pour aller plus loin)

Internet sur les mobiles

L'ordinateur est devenu de plus en plus personnel, de plus en plus portable. Internet est donc devenu de plus en plus accessible, où que l'on soit. Mais la vraie révolution de ces dernières années est l'apparition des smartphones, ces téléphones mobiles dotés d'un écran de taille raisonnable et d'un clavier, virtuel ou non, et qui permettent d'accéder à Internet à tout moment. Avec ces téléphones, Internet est toujours dans la poche.

L'engouement pour ces appareils a imposé aux éditeurs de sites de concevoir des versions spécifiquement adaptées à la taille réduite des écrans. Les réseaux sociaux ont largement bénéficié à la diffusion de ces nouveaux mobiles, qui permettent à chacun de rester connecté en permanence avec ses réseaux, ses communautés.

Pour aller plus loin : la vie privée sur Internet

Contrôler ce que l'on publie

L'expansion des réseaux sociaux a aboli l'anonymat des individus sur Internet. Dès que l'on publie une information personnelle sur un site, cette information est susceptible d'être reprise et diffusée. Et il est souvent difficile, voire impossible, de supprimer cette information une fois qu'elle s'est propagée.

Pour éviter cela, la première règle est de contrôler ce que l'on écrit en se posant la question : « Ces informations seront-elles gênantes pour moi un jour ou l'autre ? »

La seconde règle est de cloisonner ses réseaux sociaux et de ne pas mélanger vie privée et activités professionnelles. On peut, par exemple, choisir un réseau pour partager ses passions et utiliser un autre réseau pour améliorer ses contacts, échanger dans un cadre plus professionnel.

Contrôler son image

Les moteurs de recherche permettent de trouver rapidement les traces numériques que l'on a laissées ici et là. Pour effacer une partie de ces traces, la première option est de supprimer l'information à la source, c'est-à-dire sur le site où elle a été publiée. Si cela ne suffit pas, on peut « diluer » ces traces en publiant des informations que l'on contrôle, en créant par exemple un blog personnel ou d'entreprise.

Un règlement européen pour protéger les données personnelles

Depuis mai 2018, le règlement pour la protection des données personnelles (ou RGPD) s'applique dans tous les états-membres de l'UE. Ce cadre européen offre plus de garanties aux internautes quant à l'exploitation des informations recueillies par les sites internet. Les entreprises doivent maintenant recueillir l'accord des personnes concernées avant l'utilisation des données, garantir la sécurité de ces données et proposer un « droit à l'oubli ».

Les impacts d'Internet sur les entreprises

La révolution industrielle a fait subir de profondes mutations à nos sociétés. Nous vivons aujourd'hui un bouleversement comparable avec Internet, à un détail près : la vitesse et la dureté des changements sont bien supérieures.

De nouvelles obligations pour les entreprises

Être présent là où sont les consommateurs

La mission d'une entreprise est de se trouver là où sont les consommateurs. Avec plus de 4,9 milliards de personnes dans le monde qui utilisent le média Internet aujourd'hui (62 % de la population mondiale), l'entreprise ne peut pas ignorer ce phénomène. (➤ POUR ALLER PLUS LOIN)

Prévoir de nouvelles enveloppes budgétaires

Les coûts de distribution et de communication sur Internet sont moindres par rapport à ceux du commerce traditionnel. Internet n'exige ni surface de vente ni stock de produits, mais se substitue rarement à la distribution et à la communication existantes. Il faut donc prévoir de nouvelles enveloppes budgétaires pour ce nouveau canal.

Modifier son organisation

L'avènement d'Internet a bousculé les organisations, rendant nécessaires de nouvelles compétences au sein des entreprises (*webmaster*, *webmarketer*, *traffic manager*, *content manager*…), mais aussi en les obligeant à se tourner davantage vers le consommateur.

En effet, ce dernier est devenu un « consommateur actif », créant de nombreuses interactions auparavant limitées aux horaires d'ouverture de l'entreprise et à quelques canaux (téléphone, présence physique, courrier). E-mails, blogs, forums, réseaux sociaux, etc., sont autant de canaux de communication que l'entreprise doit gérer et donc intégrer à son organisation pour pouvoir répondre à sa clientèle. Sans cela, les effets dévastateurs d'une organisation inadaptée peuvent tout simplement mettre en péril l'existence même de l'entreprise.

Adapter sa logistique

Internet permet d'être quasi illimité en « proposition commerciale », c'est-à-dire en nombre de produits présentés à la clientèle. Mais la vente elle-même ne se réalise que lorsque le client est livré, ce qui demande de repenser complètement le circuit logistique de l'entreprise : livraison directe par le fabricant, mise en œuvre de plateformes régionales, gestion au cordeau des stocks, impact sur l'immobilisation financière des produits stockés…

Exemple
Le site vente-privée.com a dû lourdement investir dans des surfaces de stockage pour répondre à sa croissance, en passant de 3 étages au sein même de l'entreprise, à 12 000 m² en 2005, à 80 000 m² en 2007 et à plus de 125 000 m² aujourd'hui, sans compter les plateformes à l'étranger pour accompagner son développement international.

Adopter une stratégie omnicanal

Le Web a longtemps été vu comme un canal supplémentaire de communication et de vente, et non comme une partie intégrante des canaux de vente : on parlait à l'époque de multicanal, et beaucoup voyaient le Web comme une menace de « cannibaliser » les autres canaux. Aujourd'hui, les attentes des consommateurs imposent aux entreprises d'avoir une approche omnicanale, c'est-à-dire permettant d'avoir accès aux mêmes assortiments, prix, services et avantages de façon unifiée sur l'ensemble des canaux. L'entreprise peut faire de cette omnicanalité une force, en créant des synergies entre les différents canaux.

Exemple

Certains grands distributeurs ont opté pour le développement de la vente sur Internet, en complément de la distribution dans les hypermarchés. Le site Internet devient alors un concurrent direct des magasins, ce qui explique la difficulté de mise en place d'une telle politique. Une solution possible est de prendre la commande du client sur Internet et de la faire livrer par le magasin le plus proche, qui bénéficie ainsi de la vente, à condition toutefois que sa logistique de distribution et de livraison soit adaptée. C'est le choix qu'a fait la chaîne Tesco en Grande-Bretagne. D'autres proposent au client de commander par Internet et de venir en magasin récupérer la commande préparée (*click and collect*). Les alternatives sont donc nombreuses.

Des impacts positifs et négatifs

La redistribution des cartes

Les technologies de l'information et de la communication (TIC) offrent une infrastructure unique où il est possible de stocker, diffuser et transmettre de l'information 24 h/24, 7 j/7, 365 jours/an et sur l'ensemble de la planète.

En plus de cette disponibilité commerciale illimitée en temps et en zone de chalandise, la taille de l'entreprise n'est plus un facteur déterminant de succès, la souplesse et la réactivité des PME étant plutôt un avantage sur Internet, sans compter que développer sa notoriété peut se faire à moindre coût.

L'impact sur le produit

Internet réduit le « risque produit », dans la mesure où il permet de réaliser des tests à moindre coût, ou encore de se lancer ou de se retirer d'un marché rapidement. Auparavant, la recherche de nouveaux produits demandait du temps et nécessitait des déplacements (salons, voyages...). Même si cela est encore le cas aujourd'hui, Internet permet à l'entreprise de trouver de nouveaux fournisseurs et de nouveaux produits beaucoup plus facilement.

Exemple

Sur Internet, un produit peut être retiré de la vente d'un simple clic. Dans le commerce traditionnel, le processus est plus long et plus onéreux, surtout s'il y a une multitude de points de vente.

L'impact sur le prix

Au niveau du prix, Internet peut être à double tranchant pour l'entreprise.

En effet, si la Toile facilite la comparaison des prix par les consommateurs, cela augmente aussi la pression sur les marges des entreprises, le moins-disant en prix disposant alors d'une prime. D'un autre côté, Internet permet aussi à l'entreprise de tester différentes politiques tarifaires.

De plus, Internet pousse les commerçants à penser « prix complet », car le coût du transport peut à lui seul faire « exploser » les abandons de paniers.

Exemple

Amazon a su capter une part de clientèle très importante par la mise en place de son concept Amazon Premium, qui permet, contre un abonnement annuel, de disposer de la livraison gratuite dès le lendemain de la commande, permettant ainsi de capter et fidéliser sa clientèle.

L'impact sur la communication

Le Web permet de s'exprimer en textes, en images, en sons ou en vidéos de manière quasi illimitée. Il est d'ailleurs conseillé d'en diffuser une quantité maximale pour être bien référencé par les moteurs de recherche. Les autres médias, en revanche, sont limitatifs : leur coût reste proportionnel à la quantité d'informations que l'on souhaite diffuser.

De plus en plus de clients font des recherches sur le critère « image », « vidéo »... Google, Yahoo et Microsoft favorisent donc les plus « mutimédia » des commerçants dans le classement de leurs moteurs.

Les communications *on-line* permettent de toucher un autre type de clientèle (souvent plus jeune) et de pouvoir créer un effet « viral » bénéfique pour la marque de l'entreprise.

Exemple

Momondo, qui est l'un des derniers comparateurs de voyages, a lancé sur Internet, avec un énorme succès, une communication vidéo sur la thématique de l'ADN qui a créé le buzz : en l'espace de quelques jours, des dizaines de millions de vues sur Facebook et YouTube ont été recensées.

L'impact sur la distribution

Les canaux de distribution sont bousculés par le développement d'Internet, que le réseau traditionnel perçoit souvent comme un concurrent. Il faut adopter une politique tarifaire identique et une différenciation par le produit pour éviter les conflits entre les différents canaux.

Exemple

En ouvrant son site d'e-commerce, le fabricant d'ustensiles de cuisine Cristel a choisi d'associer son réseau de revendeurs traditionnels à sa démarche, en leur allouant géographiquement les commandes obtenues. Cette stratégie vise à se déployer sur Internet, sans pour autant compromettre l'organisation actuelle (le réseau de revendeurs).

L'uberisation, un nouveau terme complémentaire à celui de la digitalisation

L'entreprise Über ne se doutait certainement pas que son nom deviendrait un mot générique qui résume à lui seul les espoirs et les craintes des changements qu'Internet effectue sur nos vies, nos entreprises et nos organisations.

Ce néologisme (qui devrait rapidement se retrouver dans tous les dictionnaires) exprime pourtant deux sentiments contraires liés aux bouleversements dus à Internet : les défenseurs y trouvent le meilleur résumé de la numérisation, pendant que les détracteurs le traduisent en paupérisation.

Ce nouveau terme, popularisé en France par le PDG de Publicis – Maurice Lévy – lors d'une interview, permet surtout de concentrer dans un seul mot le changement rapide des rapports de force qui peut intervenir dans un secteur par l'arrivée d'un nouveau modèle d'économie digitale mais également grâce à l'agilité de nouveaux entrants sur un marché.

Guillaume Sarlat en a fait une définition extrêmement intéressante pour *Le Figaro* dans son article « L'enjeu des années à venir, c'est la Freesation, pas l'Uberisation ! » : « L'Uberisation, tout le monde en parle aujourd'hui : tous les *business models* des grands groupes seraient sur le point d'être disruptés, ubérisés, désintermédiés, commoditisés, en un mot pulvérisés par une multitude de start-up beaucoup plus agiles et innovantes. »

Sans prendre un quelconque parti, il est intéressant de voir que les peurs comme les espoirs liés à ce terme en disent autant sur la société Über que notre société en pleine mutation.

POUR ALLER PLUS LOIN : VERS UNE RÉVOLUTION INTERNET TOTALE ?

Le premier modem permettant de transmettre des données binaires sur une simple ligne téléphonique remonte à 1958, mais il a fallu attendre 1984 pour obtenir 1 000 ordinateurs connectés, 1992 pour en atteindre 1 million, et 1996 pour atteindre 10 millions d'ordinateurs connectés.

Entre 2019 et 2021, plus de 800 millions de personnes ont eu accès à Internet pour la première fois, soit une croissance de +19 %.

Internet, e-commerce : des tendances marquées

Personnalisation des offres, commerce de proximité, commerce connecté, utilisation massive des smartphones, le commerce électronique évolue et définit de nouveaux usages. Le consommateur, lui aussi, change.

Du commerce à la mise en relation

La mise en relation : le nouvel Eldorado

Au cours des deux dernières décennies, le commerce électronique constituait le moteur de la croissance d'Internet. La possibilité d'acheter sans se déplacer, de consulter les avis sur les produits et de comparer les prix avant d'acheter étaient aux yeux des internautes des atouts majeurs.

Cela est toujours valable mais de nouveaux usages sont apparus. L'élément clé aujourd'hui est la mise en relation. Mise en relation entre particuliers pour louer un appartement, louer une voiture, échanger des compétences, revendre des objets dont on a plus l'usage…

Les nouvelles start-up délaissent le commerce

Les start-up d'aujourd'hui s'appellent Uber, Airbnb, Drivy ou Leboncoin. Leur domaine n'est plus le commerce mais la mise en relation. En effet, l'e-commerce est un secteur dans lequel les nouveaux arrivants ont fort à faire pour concurrencer des leaders bien installés. La porte n'est pas fermée, mais les barrières à l'entrée sont fortes et l'investissement nécessaire pour se faire une place peut être colossal. Avoir une « bonne idée » ne suffit plus.

L'exemple des places de marché

Les places de marché, ou *marketplaces*, sont un exemple flagrant de cette évolution. Les plus gros sites de e-commerce ont ouvert leurs portes à des vendeurs externes. Ceux-ci bénéficient de la notoriété et du trafic de la place de marché.

Le site de e-commerce devenu *marketplace* continue généralement à vendre ses produits parallèlement à ceux des vendeurs tiers. Mais cette activité de mise en relation entre clients et vendeurs représente une part majeure et croissante de leur activité, avec une rentabilité très supérieure à celle offerte par l'activité de vente en ligne.

Une nouvelle forme d'économie

L'économie collaborative

Une nouvelle forme d'économie a vu le jour ces dernières années : l'économie collaborative. Encore marginale, mais en forte progression, elle introduit de nouveaux modes de consommation et s'organise au sein de sites spécialisés.

On n'achète plus une perceuse pour une utilisation occasionnelle, on la loue à des voisins. Besoin d'espace pour stocker des cartons ? Des sites proposent des mètres carrés disponibles chez des particuliers. Un coup de main pour déménager ? Il suffit de poster une demande pour avoir en quelques heures des volontaires moyennant une petite rémunération.

Tous les secteurs sont touchés. La location de voitures se fait de plus en plus entre particuliers, au détriment des agences traditionnelles. On ne fait plus systématiquement appel à un professionnel pour réaliser un travail. Des plates-formes d'échanges de services permettent de trouver les compétences nécessaires.

De nouveaux modes de financement

Si l'on veut lancer un projet, on peut contourner le système bancaire en faisant appel au financement par les particuliers (le *crowdfunding*). Si le projet est jugé intéressant par les internautes, la collecte d'argent est très rapide. En quelques semaines, le projet obtient le financement nécessaire. Et le montant collecté est souvent supérieur au montant demandé.

L'opération est d'autant plus rentable qu'on mobilise une communauté d'internautes qui deviendront facilement des clients potentiels lorsque le produit ou le service sera disponible. L'argent peut être récolté sous forme de prêts, de dons, en échange de parts de l'entreprise ou sous forme de préachat. L'internaute commande et paie le produit avant qu'il ne soit effectivement disponible. Dans ce cas, c'est déjà un client et le porteur de projet n'a pas de remboursements à assurer. Il doit simplement expédier le produit dès sa sortie.

Un environnement juridique et fiscal à la traîne

Des évolutions juridiques très lentes

Devant ces évolutions, la législation évolue très lentement. La plupart des mesures sont prises, non pas pour anticiper et accompagner ces changements, mais pour répondre à la grogne des professionnels impactés par ces nouvelles tendances. La mobilisation des taxis contre Uber et la quasi-interdiction de ce site qui en a résulté en est un parfait exemple. L'Urssaf tente de requalifier le contrat liant Uber à ses chauffeurs en contrat de travail salarié. Les hôtels se battent pour limiter la montée en puissance de sites tels qu'Airbnb… Et ils bénéficient d'une écoute au sein des pouvoirs publics.

Une fiscalité en décalage

Sur le plan fiscal, le décalage se fait aussi sentir. Faut-il imaginer de nouvelles taxes pour ces échanges ou transactions entre particuliers ? Oui, disent les professionnels, qui invoquent une concurrence déloyale. Non, répondent les utilisateurs de ces plates-formes, qui ne voient pas pourquoi la revente de leur voiture d'occasion devrait être taxée sous prétexte qu'ils passent par un site d'annonces spécialisées.

Le problème est complexe, d'autant que les professionnels eux-mêmes ont investi ces sites d'échanges. En effet, le nombre de professionnels louant leurs biens sur des sites tels qu'Airbnb est en augmentation croissante. Des sites qui proposaient des locations de places de parking entre particuliers ont dû faire appel à des entreprises pour disposer d'un parc suffisant. Et on ne compte plus les professionnels qui vendent *via* eBay ou Leboncoin.

Quel avenir proche pour le commerce électronique ?

Une nette évolution vers le mobile

L'évolution la plus visible est l'utilisation massive du téléphone pour effectuer ses achats. On parle de m-commerce. Cela suppose que la navigation au sein des sites soit adaptée à la taille des écrans de téléphone. Mais cela ouvre aussi des opportunités comme le stockage des cartes de fidélité et des coupons de réduction ou l'envoi de propositions commerciales en fonction de l'endroit où se trouve le client.

Les achats à partir de mobiles représentaient, en France, 500 millions d'euros en 2010 contre 39 milliards en 2021. Cette tendance engendre peu à peu des changements dans les points de vente physiques. Car si l'acheteur n'a pas d'ordinateur avec lui lorsqu'il fait ses courses, il a son portable. Il lui est très facile de comparer les prix d'un produit qu'il s'apprête à acheter. Le défi sera de garder le client en magasin.

Pour le commerce électronique, cela signifie aussi que l'influence des réseaux sociaux est grandissante. C'est en effet très souvent *via* son smartphone que l'on accède aux réseaux sociaux.

Quand aux moyens de paiement, ils devront s'adapter pour offrir un mode « mains libres ».

> *Exemple*
> Paypal est proportionnellement plus utilisé sur mobile que sur un ordinateur traditionnel. Il offre un avantage important : payer sans sortir sa carte bancaire. C'est beaucoup moins risqué pour passer une commande dans le métro...

La promotion avant tout

La survie d'un commerçant en ligne passe par la promotion. Il n'y a pas si longtemps, le budget de promotion d'un site de vente en ligne représentait couramment 20 % des dépenses. Aujourd'hui, c'est généralement le poste principal, loin devant les investissements techniques.

Les sites ne peuvent plus se permettre de dépendre des seuls moteurs de recherche, d'autant qu'en la matière, la concurrence est réduite. La large prédominance de Google fait qu'un simple changement d'algorithme peut entraîner une chute vertigineuse du trafic apporté à un site.

Des consommateurs qui changent

Aujourd'hui, l'achat en ligne ne fait plus peur et l'idée de donner son numéro de carte bancaire sur Internet n'effraie plus les consommateurs.

Les comportements changent également quant à la protection des données personnelles. Les internautes ne se soucient plus beaucoup de la protection de leur vie privée. Mieux, ils l'exposent sur les réseaux sociaux. Que les cybercommerçants collectent des données sur leurs achats et leurs modes de consommation n'est plus une préoccupation majeure ; cela leur permet de bénéficier d'offres personnalisées.

Le consommateur gagne aussi en liberté. Il ne se contente plus de choisir ses produits dans les rayons d'une enseigne mais réalise une véritable petite étude avant l'achat : comparaison des prix, recherche d'avis sur les produits convoités, échange d'informations sur les blogs ou les réseaux sociaux.

La personnalisation et le *datamining*

L'internaute est suivi en permanence et la somme de données collectées est colossale : produits achetés, habitudes d'achat, posts sur les réseaux sociaux, centres d'intérêt… Tout l'enjeu du *datamining* (ou « forage de données ») est d'exploiter cette quantité d'informations, de trouver des corrélations entre les données. L'objectif n'est pas uniquement de dégager de grandes tendances mais de proposer des parcours personnalisés et de prédire les comportements d'achat. La vocation du *datamining* n'est pas d'élaborer des statistiques mais de définir des actions.

Du e-commerce au commerce connecté

Le commerce connecté est en quelque sorte une fusion du commerce traditionnel et du commerce électronique : le consommateur commande sur Internet et retire sa marchandise en magasin mais il peut aussi faire l'inverse, c'est-à-dire choisir en magasin et se faire livrer à domicile. Pas de paquets à porter tout en gardant le plaisir de voir et de toucher les produits pour les choisir.

Internet devient un élément central. En magasin, le client peut consulter les avis des autres acheteurs sur un produit, comparer les prix, recevoir des offres spécifiques ou se voir proposer un parcours personnalisé.

La fin du e-commerce ?

Certains parlent de la fin du e-commerce au profit du commerce connecté. En réalité, la fin du e-commerce n'est pas pour demain, même si le commerce connecté semble provoquer une évolution majeure dans les modes de distribution et de consommation. Si le ticket d'entrée pour créer un site d'e-commerce est maintenant très élevé, le commerce connecté offre de nouvelles opportunités aux commerçants traditionnels.

Dans ce cadre, le point de vente se dote d'outils numériques (tablettes, paiement électronique…) à destination des vendeurs ou des clients. On parle de digitalisation des points de vente. La frontière entre commerce traditionnel et commerce électronique s'estompe.

Les enseignes disposant d'un nombre important de points de vente peuvent en profiter pour proposer des livraisons très rapides. Le produit part du magasin le plus proche et non d'un dépôt centralisé. C'est un atout certain pour concurrencer les sites de commerce électronique.

Les modèles économiques

Le modèle économique indique comment l'entreprise génère de la valeur, fait du profit. Il est donc le fondement de toute entreprise. Il existe plusieurs modèles générant de la valeur dans le digital : soit de façon indirecte (en réduisant des coûts ou en augmentant les ventes), soit de façon directe en réalisant du chiffre d'affaires grâce au digital.

Le numérique : une prédominance de l'information

L'omniprésence de l'information

L'information est déterminante et partout présente dans le digital, que cela concerne par exemple le référencement ou les contenus mêmes des sites ou des applications. Un site Internet, une application, ne sont constitués que d'informations (texte, images…).

Un modèle économique gagnant doit absolument tenir compte de ce facteur fondamental.

Exemple

Les start-up qui se sont lancées dans la vente de vin en ligne ont proposé au démarrage une offre de références très large et couvrant la quasi-totalité des AOC françaises... Elles ont été confrontées à des difficultés de stockage, de disponibilité et de logistique. Aujourd'hui, après avoir pris conscience du rôle central de l'information dans leur activité, elles ont réduit leur offre mais ont développé des conseils (grâce à l'embauche d'un sommelier par exemple), avec des rubriques telles que « Le choix du mois », « Le vin du mois », « L'avis de l'expert », etc., qui permettent d'apporter une valeur informationnelle au produit tout en réduisant la largeur de l'offre et donc les coûts.

L'entrepreneur qui souhaite se lancer sur Internet a tout intérêt à se poser des questions sur la place à donner à l'information et à sa gestion.

Exemple

Les modèles BlaBlaCar ou Uber reposent uniquement sur la gestion de l'information apportée par les utilisateurs. Le site n'est qu'un intermédiaire organisé et intelligent qui met en relation les utilisateurs, qui font tout le travail de promotion, d'apport d'information, etc.

L'information et la valeur ajoutée

Selon certains experts, plus la part d'information est grande dans la valeur ajoutée créée par une entreprise, plus l'utilisation des réseaux (Internet, intranet, extranet, applications) démultiplie cette valeur. On peut en conclure que plus les modèles économiques créés par les entrepreneurs contiennent d'informations (au sens large), plus ces derniers auront intérêt à avoir une stratégie et une utilisation des réseaux élaborées et importantes. Deux grands modèles se côtoient à ce stade : les modèles indirects et les modèles directs.

Les modèles indirects

Définition des modèles indirects

Les modèles indirects concernent les activités qui créent de la valeur grâce à Internet de manière indirecte, c'est-à-dire en diminuant les coûts de l'entreprise.

Les sites institutionnels

Les sites Web *corporate* ou institutionnels (dits « sites plaquette ») sont le relais du marketing institutionnel des entreprises. Ils font la promotion de son activité, donnent des informations sur ses produits, le plan d'accès à l'entreprise, l'adresse des revendeurs…

Les économies réalisées grâce à ces sites sont parfois très substantielles car ils remplacent les plaquettes, catalogues, tarifs, etc., au format papier, qui génèrent des coûts importants pour les entreprises.

● L'intranet

L'intranet est un site Web tourné vers l'intérieur de l'entreprise. Les intranets permettent une meilleure diffusion de l'information à l'intérieur de l'entreprise.

> *Exemple*
> Grâce à l'intranet, l'annuaire des salariés est toujours à jour et il n'est plus nécessaire de disposer d'une version papier. Il en va de même pour les notes de service, la charte graphique de l'entreprise, etc., qui passent également au format électronique (e-mail ou pages sur l'intranet).

● L'extranet

L'extranet permet à l'entreprise d'avoir une relation plus directe avec ses partenaires privilégiés, notamment ses fournisseurs. Il est ainsi possible de disposer de la base des tarifs actualisée, de passer des commandes de manière simple et automatique, de valider des accords de paiement, voire de mettre en place des plateformes de travail collaboratif avec les sous-traitants. Les gains de productivité (temps, supports moins chers…) sont très importants.

Les modèles directs

● La vente de publicité et de profils

Avec ce type de modèle, un site ou une application peut proposer du contenu, des activités (jeux) ou des services (réseau social, moteur de recherche) autour de thématiques précises. On attire ainsi une population ciblée, intéressée par le contenu ou l'activité proposés. Il peut ensuite proposer à d'autres acteurs e-commerçants intéressés par cette population d'acheter des espaces publicitaires sur ses pages ou bien vendre les bases de données qualifiées ainsi constituées, sous réserve de leur accord et du respect, depuis le 25 mai 2018, du Règlement général sur la protection des données (RGPD), qui vient compléter la loi « Informatique et libertés ».

> *Exemple*
> Un site de jeux en ligne propose à ses abonnés de gagner de l'argent en jouant gratuitement. Mais, pour pouvoir jouer, les internautes doivent s'inscrire et répondre à des questions sur leurs centres d'intérêt, leurs activités, etc. Les bases de données ainsi constituées avec l'accord des joueurs (règle de l'*opt-in*) peuvent être ensuite revendues à des sites d'e-commerce intéressés par les profils des joueurs pour faire de la prospection.

Toute la stratégie de ces sites consiste donc à attirer la population la plus large et/ou la plus ciblée possible, en proposant un contenu à même de l'intéresser et de la faire revenir.

● L'e-commerce

L'e-commerce est le modèle direct par excellence. Son objectif est de générer directement de l'argent grâce au digital. Sa logique obéit à celle du commerce.

Un site d'e-commerce, qu'il soit en *B to B* (*business to business* : destiné aux professionnels), en *B to C* (*business to customers* : destiné aux particuliers) ou en *C to C* (*customers to customers* : site de vente entre particuliers) obéit à une logique de vente directe.

Souvent, il est assorti d'un système de paiement (carte bancaire, PayPal, AlloPass, achat In-App…) qui permet d'encaisser le produit de la vente directement sur le site ou l'application du smartphone.

S'ouvrir à l'international

La « fenêtre ouverte sur le monde » qu'est le numérique a fait rêver les créateurs d'entreprise : la vente à l'international devenait soudain, en apparence, simple et rapide. Mais c'était oublier que le monde est encore fait de différences culturelles, de frontières, de procédures douanières et réglementaires lourdes et parfois onéreuses.

Les différents types de sites ou d'applications ouverts sur l'étranger

L'application ou le site Web international

Une application ou un site Web international sont le plus souvent réalisés en langue anglaise afin de toucher une large population dans le monde. La conception doit donc être internationale, c'est-à-dire qu'elle doit s'efforcer de ne heurter aucune culture, ou en tout cas le moins possible. L'offre sera globale et les prix seront exprimés dans les principales grandes monnaies connues.

Au regard de son caractère très global, il est peu destiné à vendre mais vise plutôt à présenter une entreprise, ses produits et ses contacts (revendeurs, agents…).

L'application ou le site Web traduit

La traduction consiste à reprendre l'application ou le site Web d'origine et à le traduire mot à mot dans la langue de la clientèle visée. Le descriptif de l'entreprise et de ses produits est traduit intégralement ; en revanche, les couleurs et les visuels restent identiques à ceux du site référent.

Outre les différences culturelles et linguistiques, les principaux écueils sont ici relatifs aux contresens possibles.

Exemple
Une campagne publicitaire pour une marque de produits laitiers utilisait le slogan « *Got milk* ? » (« T'as du lait ? »). Cette accroche publicitaire traduite littéralement en espagnol signifiait « Allaitez-vous ? »…

Afin d'éviter des contresens, il est impératif d'avoir recours aux services de traducteurs humains. La plupart des traducteurs automatiques ne sont pas suffisamment fiables pour obtenir des traductions fines.

On devra aussi prendre en compte le fait qu'une expression traduite ne représentera pas, selon les langues, la même longueur de texte. Cet élément est important à considérer si on veut respecter le gabarit du site d'origine.

Enfin, la traduction ne respecte pas certaines différences linguistiques selon le pays qui utilise la langue.

Exemple
Il existe des différences entre l'espagnol parlé à Santiago du Chili et celui parlé à Madrid, de même entre l'anglais parlé à Johannesburg et celui parlé à Londres.

L'application ou le site Web localisé

Une application ou un site localisé tient compte d'un ensemble de spécificités locales relatives à la langue, au format des nombres, de la date et de l'heure, aux images, aux symboles, aux couleurs…

Exemple
En Europe, une virgule sépare la partie entière du chiffre de la partie décimale (ex.: 6,5) et des espaces séparent les nombres longs (ex.: 90 000 000). Aux États-Unis, un point sépare la partie entière du chiffre de la partie décimale (ex.: 6.5) et des virgules séparent les nombres longs (ex.: 90,000,000).

Localiser impose donc de prendre en compte une multitude d'éléments. Il faudra notamment éviter de heurter les sensibilités culturelles ou religieuses.

Exemple
Une entreprise de matériel médical vendant en Arabie Saoudite a dû faire recouvrir entièrement le corps des femmes qui apparaissaient sur les images de son catalogue *on line*.

Les couleurs n'ont pas non plus la même signification selon les cultures.

Exemple
Le blanc, qui symbolise la joie dans un pays latin (la robe de la mariée), signifie le deuil en Asie (on lui préférera le rouge).

Enfin, le nom du produit doit être étudié afin de ne pas risquer de présenter, selon la langue, une signification autre, voire contraire, à celle qui est recherchée.

Exemple
Rolls-Royce voulait appeler un de ses modèles *Silver Mist*, jusqu'à ce que l'on découvre que *Mist* signifie « fumier » en allemand.

Pour éviter de telles difficultés, on aura là aussi recours aux conseils de traducteurs dont la langue maternelle est celle du pays de destination, mais aussi d'ergonomes spécialisés dans ce type d'approche.

Enfin, la dernière difficulté sera la mise à jour, qui nécessitera une organisation importante.

Exemple
Dès qu'un produit ou un descriptif est modifié sur le site d'origine de l'entreprise, une traduction doit être opérée simultanément sur l'ensemble des sites. C'est le cas lorsqu'un nouveau produit est lancé en temps réel au niveau mondial, ou lorsqu'une modification importante est opérée sur un produit existant par exemple.

Les contrôles réglementaires

La réglementation applicable

Vendre à l'international constitue une vente export, qui doit respecter les réglementations des deux pays exportateur et importateur.

La réglementation applicable à l'e-commerce peut soulever un certain nombre de questions. Quel est le droit applicable en cas de litige avec le consommateur : le pays de l'exportateur ou celui du client ? Le droit applicable pourra ainsi être prévu dans les conditions générales de vente (CGV) du site. Attention cependant, certains pays jugent que, quelles que soient les CGV acceptées par le client au moment de l'achat, seul le droit du pays de destination peut s'appliquer. La solution la plus évidente en cas de conflit en *B to C* sera d'essayer de le résoudre à l'amiable, par tous les moyens.

Les interdictions selon les pays

On devra également tenir compte des interdictions du pays de destination. De son côté, l'e-commerçant peut refuser la vente de certains produits selon le pays de destination, par une demande formulée ainsi au client : « Pour quel pays votre commande est-elle réalisée ? »

Exemple

Un site de vente en *B to C* de produits gastronomiques et de vins français n'autorisera pas la vente d'alcool pour certains pays (États-Unis, Arabie Saoudite...), alors que d'autres produits alimentaires seront autorisés. Selon le pays de destination, le vin pourra apparaître sur le site accompagné de la mention « Interdit à la vente sur votre destination », ou bien il pourra aussi ne pas apparaître.

Il faut être vigilant sur ce point : c'est bien le pays de destination qui doit être considéré et non celui du client payeur. D'où l'importance d'obtenir une « adresse client » et une « adresse destinataire ».

Exemple

Un Japonais peut commander sur un site français des produits destinés à être expédiés à un ami américain. Dans ce cas, c'est bien la législation américaine qui s'applique.

En cas de vente à l'international, et particulièrement en *B to C*, ces réglementations doivent être étudiées et intégrées. Doivent aussi être intégrés les risques géopolitiques qui peuvent advenir (du type guerre Russie/Ukraine) avec les sanctions internationales (interdictions d'exportation, de change, blocage du système de paiement SWIFT, boycott des produits) qui les accompagnent. Cela représente un travail important de collecte d'informations puis de mise à jour, qui doit être bien mené avant de commencer l'activité. La solution peut aussi résider dans la possibilité de se focaliser davantage sur certains pays à forts débouchés et de s'interdire de vendre aux autres.

Les contrôles douaniers

Les contrôles douaniers sont nombreux, même s'ils ne peuvent pas s'opérer sur l'ensemble des biens qui transitent. Certains contrôles sont particulièrement précis et coûteux en temps. On doit donc tenir compte de cette dimension avant de se lancer.

Les ventes hors Union européenne

Les taxes du pays de destination

Une vente à l'export en *B to B* comme en *B to C* est réalisée hors taxes au départ de la France. Ensuite, des taxes sont généralement perçues dans le pays d'arrivée. Cette règle ne s'applique pas pour les ventes intracommunautaires, ou l'on vendra hors taxes à un professionnel disposant d'un numéro de TVA intracommunautaire et « toutes taxes comprises » (taxes du pays de départ) à un particulier.

Le règlement des taxes à l'importation

Pour une vente réalisée hors Union européenne, les taxes perçues à l'arrivée (dans le pays destinataire) sont généralement les suivantes : taxes d'importation (selon la nature des produits vendus) et TVA locale.

Ce sont les clients qui supportent ces taxes à l'importation (perçues par le transporteur pour le compte de l'administration locale). Cela présente un risque pour l'e-commerçant car le client peut refuser de payer les taxes pour un produit qu'il imaginait avoir déjà réglé en totalité et renvoyer le produit.

L'édition de factures sous-évaluées

Certains e-commerçants font parfois un choix risqué : celui de vendre hors taxes à leurs clients et d'accompagner les colis de factures indiquant des montants sous-évalués de manière à ce qu'à l'importation, si les douanes du pays destinataire décident de percevoir droits et TVA locale, l'assiette de perception soit minorée.

Exemple

S'il y a 20 % de taxes à l'importation, le client devra régler 20 € à l'Administration pour une vente à 100 € (plus la TVA locale). Si la facture est sous-évaluée à 10 €, il ne devra régler que 2 €. Dans ce cas, les douanes du pays de destination peuvent même décider, étant donné le faible montant de la facture, de renoncer à la taxe sur le produit.

Ce choix comporte certains risques très importants, pour le client comme pour l'e-commerçant. Tout d'abord, les douanes du pays de destination peuvent toujours requalifier la valeur du bien et augmenter par conséquent la taxe exigée.

Exemple

Pour reprendre l'exemple ci-dessus, les douanes peuvent décider de requalifier la valeur à 200 € (au lieu de 100 €). Avec une taxe à l'importation de 20 %, le client devra donc payer 40 €.

Ensuite, pour l'e-commerçant, la vente hors taxes nécessite un passage par la douane française export, laquelle valide la vente à l'international au regard des factures (si celles-ci sont sous-évaluées, elles seront difficilement justifiables en cas de contrôle fiscal). Cette justification est indispensable sous peine d'une demande de perception de TVA pour le différentiel entre le prix de vente encaissé et la facture minorée. Comme la vente hors taxes à l'export est très avantageuse pour le client, l'Administration a prévu que le commerçant doit apporter la preuve que le bien a réellement été exporté. Seule la douane française export est à même de valider une telle exportation, en la constatant et en validant la facture présentée.

Le rôle du transporteur

Signalons ici que l'aide du transporteur dans ce type de question, et surtout sa connaissance de l'international, peut être très précieuse. Elle est également fondamentale en matière de passage des douanes, puisque c'est lui qui va se charger des procédures de dédouanement.

Le prix et le paiement

Le prix

Un e-commerçant vendant à l'international a deux stratégies possibles en matière de prix :

– les afficher en monnaie d'origine (l'euro) et donc faire supporter au client les coûts liés aux variations de change ;

– les afficher et facturer en monnaie des principaux pays de destination des biens et donc supporter lui-même les coûts liés aux variations de change.

Une solution intermédiaire, souvent retenue, est de vendre en euros et d'afficher le prix (indicatif) dans les principales monnaies des clients. Mais cela nécessite de mettre régulièrement à jour les cours du change.

Le paiement

La vente à l'international, surtout en *B to C*, nécessite également une attention particulière au niveau des paiements. En effet, lorsque la vente est réalisée en *B to B*, l'entreprise vendeuse est généralement assez au fait des garanties de paiement possibles (assurance de type Coface, crédits documentaires…) et le client aussi. La difficulté réside donc en *B to C* dans le fait de s'adresser à une multitude de clients situés dans une multitude de pays. Dans ce cas, il y a un risque plus grand d'escroqueries ou de répudiations de paiement. Il faudra donc se montrer particulièrement vigilant sur ces éléments et souscrire une assurance (si elle prend en charge le pays en question) de type oneytrust.com.

Se prémunir contre le piratage

La sécurité sur Internet est fondamentale, d'autant plus dans le cadre de projets e-commerce, car elle conditionne la confiance des internautes et des consommateurs. Quelles sont les menaces et quelles sont les protections possibles ?

Le piratage

On distingue différents mouvements dans le piratage informatique. Le mouvement initial, le *hacking*, consiste à casser les protections des logiciels, serveurs, ou médias dans un but de partage et de passion pour cette activité. Les *hackers* exercent généralement cette activité dans un but non lucratif afin de partager leurs découvertes avec la communauté.

En revanche, le *phishing*, qui s'est développé depuis l'apparition d'Internet, consiste à détourner des informations personnelles ou des informations bancaires en profitant de la crédulité des internautes. Le but est lucratif.

Le *hijacking*, quant à lui, consiste à nuire aux entreprises ou organisations en infiltrant leurs serveurs afin de les surcharger ou de modifier ou supprimer leurs données.

Le *hijacking*

Techniques et méthodes utilisées

Le *hijacking* consiste à infiltrer les serveurs ou sites Web d'une entreprise afin d'en altérer des données ou de rendre le serveur indisponible.

Exemple
Une des techniques les plus utilisées par les pirates consiste à profiter de failles dans le code source d'un site Internet en injectant une requête envoyée à la base de données. Les pirates peuvent aussi diffuser un logiciel malveillant (un *malware*) sur des ordinateurs, lesquels tenteront de se connecter en même temps à un serveur, créant ainsi une surcharge qui fera « planter » le serveur. Cette technique est également utilisée pour pratiquer le *spamming* depuis des ordinateurs infectés, sans que les propriétaires le sachent. (➤ POUR ALLER PLUS LOIN)

Comment se prémunir contre le *hijacking* ?

Pour éviter que les pirates puissent infiltrer les serveurs, il est primordial de respecter certaines règles d'usage. Le site Internet de l'entreprise doit être réalisé par des professionnels connaissant les risques et les menaces en termes de sécurité sur Internet. Si le site est basé sur un système de gestion de contenu, il est important d'effectuer l'ensemble des mises à jour de sécurité diffusées par l'éditeur ou par la communauté : celles-ci permettent au site d'être moins vulnérable face aux attaques des *hackers*.

Exemple
Les systèmes de gestion de contenu (CMS) les plus utilisés, tels Wordpress ou Drupal, diffusent régulièrement des mises à jour de sécurité. Selon la plateforme utilisée, cette mise à jour peut être plus ou moins facile à réaliser. Les agences conseillent leurs clients dans le choix d'un CMS sécurisé et proposent, dans le cadre d'un forfait de maintenance, le déploiement de chacune des mises à jour de sécurité diffusées.

Le serveur doit impérativement être sécurisé. Dès lors qu'un serveur est connecté à Internet, il devient en effet vulnérable aux attaques des *hackers*. Le serveur doit donc être configuré minutieusement, surtout s'il héberge un site Internet. Certaines entreprises proposent des services spécialisés dans l'installation et la configuration de serveurs Web ou de fichiers pour une sécurité accrue, mais le coût peut être élevé pour une petite structure, qui optera plutôt pour un hébergement mutualisé, limitant ainsi le risque.

Le *phishing*

Les méthodes employées

Le *phishing* (en français « hameçonnage ») consiste à obtenir des informations personnelles ou des informations bancaires sur des internautes. Les pirates contactent ces personnes par plusieurs moyens dans le but de leur soutirer ces informations. Malgré l'utilisation de plus en plus fréquente des réseaux sociaux, la méthode la plus utilisée consiste à envoyer une attaque par courrier électronique.

> *Exemple*
> Certains réseaux sociaux comme Facebook constituent une formidable source d'informations personnelles sur ses membres. Il n'est pas rare de trouver des informations telles que l'adresse postale, la date de naissance, le numéro de téléphone, l'e-mail ou encore les noms et prénoms des enfants ou frères et sœurs des membres. Une fois ces informations recoupées, il est possible de s'introduire dans les boîtes mail des personnes ciblées.

La méthode la plus courante consiste à envoyer en masse des e-mails imitant la charte et le discours d'une entreprise digne de confiance telle qu'une banque ou un site reconnu. Le message prétexte une action nécessaire au bon fonctionnement du compte de la victime, invitant la personne à se connecter au site afin d'entrer ses informations personnelles. En fait, la victime est redirigée à son insu vers un site pirate, qui enregistre les informations confidentielles dans le but de les utiliser frauduleusement ou de les revendre.

Comment se prémunir contre le *phishing* ?

Pour s'épargner ce genre de désagrément, il faut éviter autant que possible de communiquer des informations personnelles en ligne de façon non protégée. Les banques et sites de confiance ne demandent jamais d'informations personnelles par e-mail. Les courriers qui le font sont donc à supprimer. Il est également préférable de recopier une URL contenue dans un e-mail plutôt que de cliquer directement sur le lien. Lors de la communication d'informations personnelles, il est indispensable de s'assurer du caractère sécurisé de la connexion, par exemple en vérifiant que l'URL commence par https (variante sécurisée du protocole http). Enfin, il est primordial d'utiliser un navigateur récent, capable de repérer ces attaques.

POUR ALLER PLUS LOIN : LE SPAM

Le spam est un véritable fléau d'Internet. Il consiste à envoyer en masse des courriers électroniques à caractère commercial. En plus des désagréments causés aux internautes, qui doivent supprimer ces messages non désirés, ces e-mails provoquent également une consommation supplémentaire de ressources pour les serveurs et un encombrement de la bande passante sur le réseau. Pour éviter de recevoir des spams, en plus d'utiliser un filtre antispam, il faut impérativement éviter de laisser s'afficher son adresse électronique sur des sites, au risque qu'elle soit récupérée par des robots et revendue à des spammeurs. Sur son propre site Web, il est conseillé de proposer un formulaire de contact et non un simple lien redirigeant vers son adresse e-mail.

Se protéger face aux rumeurs sur Internet

Les rumeurs ont toujours existé. Mais, avec Internet, elles sont amplifiées et se propagent très rapidement en raison de la structure même du réseau. Quels en sont les dangers et quels sont les moyens de se protéger?

La rumeur sur Internet: les *hoaxes*

Qu'est-ce qu'un *hoax*?

Un *hoax* est un canular, une rumeur diffusée sous la forme d'un message envoyé en masse. L'objectif est que cet e-mail soit relayé le plus largement possible par les destinataires du message eux-mêmes. L'e-mail, *a priori* inoffensif, peut en réalité causer de lourds dégâts selon le type de *hoax* et l'ampleur de sa diffusion, jusqu'à la faillite d'une entreprise, si celle-ci ne réagit pas face à ce phénomène qui la cible.

Les différents types de *hoaxes*

Les *hoaxes* peuvent se dissimuler derrière plusieurs formes, dont les plus connues sont les chaînes de solidarité, les pétitions, les alertes à un virus imaginaire, les e-mails proposant un gain d'argent facile et rapide, les e-mails annonçant la bonne ou mauvaise fortune, les messages de diffamation ou encore d'humour. Ces différents types de *hoaxes* jouent tous sur la crédulité des destinataires en les incitant à rediffuser massivement le mail à leur réseau de contacts sous prétexte d'une information à caractère urgent et important.

Les dangers des *hoaxes*

Les dangers pour les internautes

Le principal danger pour les internautes exposés à des *hoaxes* est de croire vraie l'information reçue. En plus de la perte de temps engendrée, le récepteur du message peut perdre sa crédibilité face à son réseau de contacts s'il diffuse le *hoax*. Dans certains cas, la frontière entre le *hoax* et le *phishing* est faible : certains *hoaxes* tentent de soutirer de l'argent à des internautes en faisant appel à leur solidarité pour une cause spécifique ou en prétendant que le destinataire a gagné une grosse somme d'argent et qu'il doit verser des frais de dossier pour la percevoir.

Exemple
En 2022, pendant la guerre opposant la Russie à l'Ukraine, des cagnottes en ligne ont été diffusées sur les réseaux sociaux pour soutenir les victimes. Certaines ont été empochées par des individus sans aucun lien ni relation avec l'Ukraine.

Les dangers pour les entreprises

Pour les entreprises, les conséquences des *hoaxes* peuvent être bien plus graves que pour les particuliers. Certains *hoaxes* mettent en cause des entreprises dans des affaires calomnieuses imaginaires. Ces *hoaxes*, très largement diffusés, peuvent nuire grandement à l'image de l'entreprise et provoquer une perte de chiffre d'affaires.

Dans un tel cas, l'entreprise a tout intérêt à communiquer pour gérer la crise, ce qui occasionne des dépenses de communication supplémentaires.

Se protéger contre les *hoaxes*

Vérifier la véracité des informations

Pour les particuliers comme pour les entreprises, il est indispensable de savoir se protéger face aux *hoaxes*. La règle est simple : il est impératif de vérifier la véracité d'une information contenue dans un e-mail avant de la prendre en compte ou de la diffuser. Pour cela, un peu de bon sens, une lecture attentive de l'e-mail, la vérification de l'existence réelle de l'expéditeur ou des personnes citées dans le texte et une recherche sur Internet permettent de vérifier le bien-fondé de l'information reçue.

Exemple

Le site francophone www.hoaxbuster.com recense l'ensemble des *hoaxes* diffusés sur Internet. Dans le cas où un *hoax* ne serait pas recensé, les internautes ont la possibilité de participer et de partager les *hoaxes* auxquels ils ont été confrontés afin d'informer l'ensemble de la communauté.

Communiquer pour dissiper les rumeurs

Pour éviter qu'une rumeur se diffuse, il est essentiel pour l'entreprise de communiquer. En effet, les rumeurs peuvent se propager extrêmement vite sur Internet : avec les réseaux sociaux, une information peut faire le tour du monde en quelques minutes, surtout si elle est relayée par des leaders d'opinion. L'entreprise doit réagir face à cette diffusion d'information.

Exemple

Lorsqu'une entreprise est victime d'une rumeur ou d'un *bad buzz*, elle doit communiquer vers ses clients, prospects, collaborateurs ou actionnaires en utilisant les mêmes armes, c'est-à-dire en utilisant les réseaux sociaux pour répondre aux messages laissés sur sa page, publier un billet sur son blog ou dans la rubrique Actualités de son site, voire envoyer une *newsletter* à ses abonnés.

En communiquant de la sorte, l'entreprise sera à même de gérer la crise. En revanche, elle ne doit pas tenter d'étouffer la rumeur, par exemple en censurant les commentaires sur son site ou sur ses pages Facebook ; cette réaction aurait pour effet d'appuyer les propos de la rumeur. (➤ POUR ALLER PLUS LOIN)

➤ POUR ALLER PLUS LOIN : LE *BAD BUZZ* DE DOMINO'S PIZZA

En 2009, une vidéo largement diffusée sur Internet montrait deux employés de la chaîne Domino's Pizza en train de confectionner une pizza d'une façon particulièrement peu ragoûtante, notamment en y introduisant des ingrédients d'abord passés par leur nez.

Afin de calmer la polémique, l'entreprise a communiqué efficacement. Tout d'abord, le PDG de l'entreprise a mis en ligne une vidéo remerciant les internautes de l'avoir informé de tels agissements. Les deux employés fautifs ont été renvoyés et un communiqué de presse a été publié. Enfin, Domino's Pizza a mis en ligne un site Internet vantant les mérites de ses produits et a communiqué sur Twitter.

Domino's Pizza a su rebondir et même se servir de ce *bad buzz* pour lancer une campagne de communication autour de la qualité de ses produits.

Tenir compte des droits des produits et services réglementés

La sphère du digital est un lieu propice à l'innovation. Pour autant, le droit ne cesse pas de s'y appliquer.

L'émergence de nouveaux usages et l'ubérisation de l'économie

Des autoroutes de l'information...

La période fin des années 1990-début des années 2000 marque l'émergence de la « nouvelle économie » avec le développement d'Internet. N'importe qui peut soudain entrer en contact avec une autre personne à l'autre bout du monde et les clients potentiels à l'international deviennent accessibles aux e-commerçants en quelques clics. Des boutiques en ligne fleurissent, et avec elles, une première question : le droit s'applique-t-il dans ce monde virtuel ? Déjà à l'époque, la réponse ne s'est pas fait attendre, avec des décisions de justice affirmant qu'Internet n'était pas une zone de non-droit et que le droit de la propriété intellectuelle, le droit commercial, le droit de la concurrence ou encore les accords souscrits dans le cadre des réseaux de distribution sélective ou exclusive avaient vocation à s'appliquer.

... à l'ubérisation de l'économie

Le développement du e-commerce n'est aujourd'hui plus uniquement réservé aux professionnels. Les plateformes de mise en relation et les réseaux sociaux, en particulier, sur fond de crise économique, d'économie collaborative et d'entrepreneuriat solidaire, favorisent la mise en relation directe des particuliers entre eux (en *C to C « Consumer To Consumer »*), c'est-à-dire sans intermédiaire, y compris pour monnayer des biens et des prestations, remettant en cause les modes de fonctionnement traditionnels.

Ce phénomène est appelé « ubérisation », en référence à la révolution numérique incarnée par la société de technologie californienne Uber, qui a généralisé à l'échelle planétaire un service de voiture de tourisme avec chauffeur entrant directement en concurrence avec les taxis et leur réglementation professionnelle spécifique. Tous les secteurs de l'économie sont aujourd'hui touchés par ce nouveau modèle, proposant des plateformes de mise en relation entre particuliers moyennant le prélèvement d'une commission.

Exemples
La location de meublés ou l'hôtellerie avec des structures comme Airbnb ou Booking.com ou encore le bricolage avec le site Mesdepanneurs.com ou encore la banque avec KissKissBankBank.

Les barrières réglementaires et les risques de contentieux

La plupart des structures, dont Airbnb en tête, doivent faire face à des actions mises en œuvre par les instances administratives ou judiciaires pour concurrence déloyale, non-respect des lois relatives aux produits et services réglementés, fraude ou travail dissimulé.

Exemple

La société Uber est poursuivie en France et dans quasiment tous les pays où elle a déployé son application UberPop (application de mise en relation de passagers et de chauffeurs particuliers), pour organisation illégale d'une activité de transport de particuliers. Elle a d'ailleurs dû suspendre ce service dans le cadre du contentieux. En France, en juin 2016, le tribunal correctionnel de Paris a sanctionné Uber d'une amende de 800 000 €, dont la moitié avec sursis, et les deux dirigeants de la société ont été condamnés à 30 000 et 20 000 € d'amende, dont la moitié avec sursis, alors que, le parquet avait requis 1 million d'euros d'amende contre la société Uber France, mais aussi 50 000 € et 70 000 € d'amende contre les deux dirigeants ainsi que l'interdiction de diriger une entreprise pendant 5 ans à titre personnel. Uber France a fait appel de ce jugement, mais en janvier 2022 la cour d'appel de Paris a condamné la société Uber à 400 000 € d'amende ainsi que deux de ses dirigeants pour pratique commerciale trompeuse et complicité d'exercice illégal de l'activité de taxi rendue possible par son service Uber Pop, aujourd'hui définitivement fermé.

En avril 2022, c'est la plateforme de livraison Deliveroo qui se voyait condamnée par le tribunal correctionnel de Paris à payer une amende de 375 000 € (somme maximum prévue par la loi). Le motif de cette sanction : avoir employé, en tant qu'indépendants, des livreurs qui auraient dû, selon l'accusation, être salariés. La cour a également prononcé une peine de prison de 12 mois avec sursis contre deux anciens dirigeants de la plateforme.

Quelle que soit l'issue des contentieux en cours, la position des gouvernements, des institutions et des tribunaux va vers une réaffirmation des réglementations sectorielles applicables ainsi que des réglementations en matière de droit fiscal, de droit de propriété intellectuelle et de droit du travail ; d'où la nécessité pour les acteurs de la nouvelle économie de rester vigilants.

La nécessité d'identifier la (ou les) réglementation(s) applicable(s)

Avant de créer son activité en ligne, qu'il s'agisse de vendre des produits ou des services ou bien de mettre en relation des professionnels ou des particuliers *via* une plateforme en ligne, il est essentiel de prendre conscience de l'environnement réglementaire et des lois applicables au secteur économique et commercial envisagé, au risque d'avoir de mauvaises surprises et de se retrouver en prise avec des contentieux.

Pour vous aider à identifier les contours juridiques de votre projet, voici quelques questions à se poser avant de se lancer mais aussi à se reposer tout au long du déploiement du projet, veille juridique et fiscale oblige :

– à quel(s) profil(s) de personnes s'adresse mon service ou mon produit (majeurs, mineurs, particuliers, professionnels, consommateurs, professions réglementées ou non, etc.) ?

– ces personnes font-elles l'objet d'une protection réglementaire particulière ? Si oui, quelles contraintes peut-elle avoir sur mon *business model* ?

– en quoi consiste(nt) le(s) service(s) et/ou le(s) produit(s) proposé(s) ?

– ce(s) service(s) ou ce(s) produit(s) sont-ils soumis à une (des) réglementation(s) particulière(s) ? Si oui, quelles contraintes peuvent-elles avoir sur mon *business model* ?

– qui sont mes concurrents directs et indirects dans le secteur ? De quels ressorts et bases juridiques disposent-ils pour éventuellement m'attaquer au titre de la concurrence déloyale ?

Choisir et protéger ses marques et noms de domaine

Deux éléments permettent l'identification d'un e-commerce ou d'un service en ligne : la marque et le nom de domaine.

Choisir une marque valable

Un dépôt de marque n'a pas vocation à protéger un nom de manière générale, mais un nom identifiant des produits et/ou des services sur un marché déterminé. Pour être valable, le dépôt de marque doit donc respecter un certain nombre de règles de forme et de fond.

Choisir une marque qui ne crée pas de confusion

Dans son formulaire relatif aux dépôts de marques, l'INPI (Institut national de la propriété industrielle), qui est l'organisme en France chargé de procéder à l'enregistrement des marques, rappelle que « la marque peut prendre des formes variées telles qu'un mot, un nom, un slogan, des chiffres, des lettres, un dessin ou un logo. Une marque peut également prendre la forme d'un hologramme, être en trois dimensions ou écrite dans une langue étrangère ». Mais « certains signes ne peuvent pas être déposés en tant que marque, comme par exemple un mot ou une expression qui pourraient tromper le consommateur sur la nature, les caractéristiques ou la provenance du produit ou service. »

On évitera donc formellement de déposer une marque qui pourrait créer une confusion avec le nom d'une société ou d'une personne jouissant d'une certaine notoriété ou avec une appellation d'origine contrôlée ou encore avec un label.

Exemple

C'est ainsi que la société Danone a dû retirer la marque « Bio » qu'elle avait donnée à l'un de ses produits (renommé depuis « Activia ») car il n'était pas issu de l'agriculture biologique. Depuis 1991, la réglementation européenne interdit la commercialisation de denrées non issues de l'agriculture biologique sous des marques portant des références à ce mode de production.

On évitera également d'utiliser la même police de caractère qu'une autre marque évoluant dans le même domaine d'activité, et ce même si la marque nominative (le nom utilisé) semble très éloignée.

Exemple

C'est ainsi que Coca-Cola a pu s'opposer, après plusieurs années de bataille judiciaire, à l'enregistrement de la marque syrienne « Master » qui utilisait la même police de caractère que la sienne pour la commercialisation de boissons et de produits alimentaires (arrêt du TPIUE du 7 décembre 2017 aff.61/16).

Choisir un nom de marque qui « fonctionne » à l'international

Pour bien protéger son nom de marque, l'entreprise doit tenir compte de sa stratégie de développement commercial. En effet, le droit des marques est un droit territorial. En clair, si l'entreprise vise une clientèle internationale et des pays en particulier, il lui faudra prévoir plusieurs dépôts de marque dans chaque pays visé. Au niveau européen, il est possible de déposer une marque auprès de l'EUIPO (office de l'Union européenne pour la propriété industrielle) et de bénéficier d'une protection dans les États membres de l'Union.

Attention, le droit ne fait pas tout. Pensez aussi aux éléments plus marketing, voire de « bon sens », liés à votre marque au moment de la recherche d'antériorité et du choix. Il se peut en effet qu'une marque soit disponible du point de vue du droit, après avoir effectué la recherche d'antériorité, mais peut-être y a-t-il une raison à cela... C'est ce qui est arrivé à la marque d'alimentation pour bébé Blédina qui a fait un flop sous ce nom en Russie, car en argot russe « Блядина » est l'équivalent vulgaire du mot « prostituée ».

Procéder à la recherche d'antériorité et au dépôt de la marque

La recherche d'antériorité à l'identique

Le droit des marques est régi par deux principes :

– celui dit « d'antériorité » qui prévoit que c'est la première personne qui dépose la marque dans le pays visé qui en sera propriétaire ;
– celui dit « de spécialité » qui prévoit que l'on puisse déposer une marque dans des catégories de produits et/ou de services appelées « classes », présentées dans la classification internationale dite « classification de Nice ».

Exemple

Une entreprise souhaitant développer un site de vente d'instruments de musique pourra déposer sa marque dans la classe de produit 15, qui fait référence aux instruments de musique, mais aussi dans la classe 38, qui fait référence aux services Internet. Si le nom qu'elle a choisi est déjà pris par une autre société mais pas dans ces deux classes, elle pourra procéder à son dépôt dans les classes choisies.

Il est donc essentiel de procéder avant tout dépôt de marque à une recherche d'antériorité.

Cette recherche peut s'effectuer gratuitement sur le site de l'INPI sur le lien suivant : http://bases-marques.inpi.fr/. Attention, il s'agit d'une recherche à l'identique, c'est-à-dire à la lettre, à l'accent, à la ponctuation près !

La recherche de « similarités »

Il est fortement conseillé d'effectuer en complément une deuxième recherche dite de « similarités », qui permettra de prendre en compte les ressemblances orthographiques, phonétiques et intellectuelles qui peuvent exister entre le nom de marque choisi et ceux qui sont déjà déposés ou enregistrés.

En effet, en cas de similarité, la marque « ressemblante » pourra être considérée comme une « contrefaçon » exposant celui ou celle qui a procédé au dépôt à des poursuites. (➤ POUR ALLER PLUS LOIN)

Exemples

Ont été considérées comme des marques ressemblantes :
– par leur phonétique : « Chairman » et « Sherman » ;
– sur le plan intellectuel : « La vache qui rit » et « La vache sérieuse » ;
– par des ressemblances notamment visuelles : « Pages Soleil » et « Pages Jaunes ».

La mise en œuvre du dépôt de marque

Le droit des marques est « formaliste ». Sans dépôt, il ne peut y avoir de propriété de la marque. Le dépôt s'effectue auprès de l'INPI pour les dépôts en France. L'INPI examine la demande sur le fond et sur la forme et avertit par courrier le déposant si le dossier comporte une irrégularité. La marque déposée peut faire l'objet d'une procédure d'opposition ou d'une observation pour toute personne qui a connaissance du dépôt.

Les formalités s'effectuent auprès de l'EUIPO dans le marché européen, ou par l'intermédiaire de l'INPI, qui la transfère à l'EUIPO pour les marques de l'Union européenne et auprès de l'Organisation mondiale de la propriété intellectuelle (OMPI), qui gère le système d'enregistrement international, pour le dépôt international (il est à noter que le dossier international doit obligatoirement transiter par l'INPI).

Bon à savoir

Le coût de dépôt d'une marque dépend essentiellement du nombre de classes sélectionnées. En France, il en coûtera 190 € pour le dépôt d'une marque en ligne dans une seule classe de produits ou de services ; 40 € pour chaque classe de produits et/ou services supplémentaire. Le coût du dépôt d'une marque de l'Union européenne s'élève à 850 € dans une seule classe, auquel il faut ajouter 50 € pour la deuxième classe et 150 € chacune pour les suivantes.

Choisir et enregistrer son nom de domaine

Connaître les noms de domaine

Le nom de domaine est le premier élément visible du site ou de l'application d'e-commerce. Tout comme la marque, il participe à l'identification et au succès commercial des services ou des produits en ligne. C'est le moyen technique de localisation et d'accès aux pages Web pour l'internaute. Il est unique et composé du préfixe « www. » pour World Wide Web, puis du « domaine » qui est le nom choisi par l'e-commerçant correspondant souvent à la marque de son produit ou de son service, à sa dénomination sociale ou à son enseigne commerciale ; et enfin de l'extension qui vient après le point.

Exemple

Quelques extensions très utilisées : le « .com » originalement destiné aux entités commerciales et qui, pour diverses raisons, est rapidement devenu le domaine générique d'Internet ; le « .org » principalement destiné aux organisations sans but lucratif et le « .fr » pour les particuliers ou les personnes morales souhaitant se déployer en France.

Intégrer les règles d'attribution des noms de domaine

La règle applicable en matière d'attribution des noms de domaine est simple, c'est celle du « premier arrivé, premier servi ». Même si le choix du nom de domaine est libre, il ne peut être acheté, mais seulement loué auprès d'un Registrar (bureau d'enregistrement). La première personne qui dépose le nom de domaine en est donc le locataire officiel pendant toute la durée de souscription.

En matière commerciale, il est donc recommandé de déposer le nom de domaine choisi sur une longue période et de penser à le renouveler régulièrement. Après s'être assuré de sa disponibilité (en consultant les bases de données de recherche accessibles *via* les plateformes de dépôt de noms de domaine), il sera très utile de procéder au dépôt en « .com » et dans les extensions nationales des pays visés. Le dépôt du nom de domaine en tant que marque est possible. Sa protection n'en est que plus efficace.

Procéder au dépôt sans porter atteinte aux droits des tiers

Comme pour la marque, le choix du nom de domaine ne doit pas créer de confusion ni porter atteinte aux droits d'un tiers. Il faudra donc veiller à ce que le nom de domaine choisi ne constitue ni un détournement de notoriété, ni un acte de concurrence déloyale ou un plagiat au titre du droit d'auteur.

En effet, en cas de notoriété d'une marque, y compris dans un domaine économique qui n'a rien à voir avec celui envisagé par le déposant de la marque, l'application *stricto sensu* du principe de spécialité n'est plus effective.

Le dépôt du nom de domaine ne doit pas non plus constituer un acte de *cybersquatting*, c'est-à-dire une pratique qui consiste à enregistrer un nom correspondant au nom d'une marque existante avec l'intention d'altérer sa visibilité, de le revendre ensuite à l'ayant droit légitime ou d'en détourner la clientèle.

> *Exemple*
> La SNCF a obtenu du TGI le 29 octobre 2010 la condamnation à 25 000 € d'amende pour contrefaçon de marque, atteinte au nom de domaine et pratiques commerciales trompeuses d'un cybersquatteur qui avait enregistré les noms de domaine sncfusa.com et eurotgv.org.

Le fait aussi de déposer un nom de domaine proche, dans la forme, d'un nom de domaine connu en y insérant volontairement des fautes de frappe (ou *typosquatting*) est constitutif d'une utilisation frauduleuse du nom de domaine.

> *Exemple*
> Rue du commerce a ainsi obtenu du TGI de Paris, le 10 avril 2006, le paiement provisionnel de 25 000 € à titre de réparation du préjudice subi au titre d'une utilisation frauduleuse des noms de domaine ainsi que le transfert des noms de domaine « rueducommerc.com » et « rueducommrece.com » qui avaient été déposés et exploités par une société afin de profiter des erreurs de frappe des internautes pour les rediriger vers des sites concurrents à celui de la société Rue du commerce.

POUR ALLER PLUS LOIN : LA RECHERCHE D'ANTÉRIORITÉ SUR LE LOGO

En parallèle de la recherche d'antériorité effectuée sur la marque nominative (le nom de marque), il est possible de vérifier qu'il n'existe pas de logo ressemblant à celui qu'on souhaite créer et exploiter, en procédant à une recherche *via* le site de l'INPI.

Le moteur de recherche de l'INPI permet d'accéder aux logos en vigueur des marques françaises et de l'Union européenne, ainsi qu'aux logos des marques internationales désignant ou non la France.

La recherche s'effectuera en utilisant :

– la liste des 38 codes d'éléments figuratifs mis à votre disposition en ligne par l'INPI ;

> *Exemple*
> Si le logo représente un tigre et un arbre, il faudra indiquer les codes 3.1.1 (pour les quadrupèdes grands félins) et 5.1.12 (si l'arbre est un palmier ou un bananier) dans le moteur de recherche.

– la liste des classes de produits et services.

> *Exemple*
> Pour des prestations de formation, on indiquera la classe 41.

Prévenir les poursuites pour plagiat ou contrefaçon

La création d'un site ou d'une application de e-commerce implique d'utiliser des éléments protégés par le droit d'auteur et la propriété industrielle. Il faut donc rester vigilant et s'assurer de la bonne gestion des droits.

Prendre conscience de l'existence des droits d'auteur

Droits d'auteur : mode d'emploi

Les droits d'auteur, ou droits de la propriété intellectuelle, protègent les œuvres de l'esprit, c'est-à-dire, conformément au Code de la propriété intellectuelle (CPI), toutes les créations qui portent « l'empreinte de la personnalité » de leurs auteurs et qui ont nécessité « un minimum d'effort intellectuel ».

Un site Internet est reconnu comme constituant une œuvre à part entière, de la même façon que le programme qui le compose au titre du droit des œuvres logicielles ou encore son interface graphique, les photos, images, illustrations ou textes utilisés.

Il est à noter que, pour être considérées comme des œuvres protégeables, aucun dépôt de ces réalisations n'est nécessaire ; « le seul fait de leur création » permet à son ou ses auteurs de jouir « d'un droit de propriété intellectuel exclusif et opposable à tous » sur ses œuvres (art. L. 111-1 du CPI). Pour autant, si vous souhaitez protéger des créations *on-line*, il est recommandé de procéder à des dépôts notamment auprès de sociétés d'auteur comme la SGDL, la SACD, la SACEM (pour les œuvres musicales) ou encore l'APP pour les programmes que vous seriez amené à développer. Ce dépôt vous permettant, en cas de contentieux, de pouvoir apporter la preuve de l'antériorité de votre création face à d'éventuels « copieurs » peu scrupuleux.

De l'autre côté, si vous êtes amené à vouloir « récupérer » des créations accessibles *on-line*, notamment en utilisant des moteurs de recherche comme Yahoo ou Google, ne déduisez pas de leur « facilité d'accès » que les éléments sont utilisables et exploitables car seul un accord écrit préalable (*via* un contrat de cession de droit ou une licence en ligne) est en mesure de vous y autoriser, faute de quoi vous risquez des poursuites pour plagiat.

N'oubliez pas le droit à l'image !

Souvent confondu avec le droit d'auteur, il s'agit d'un autre droit à respecter. Le droit d'auteur vise l'auteur qui a procédé à la captation et/ou au montage de l'image alors que le droit à l'image vise le droit des personnes représentées, dont l'exploitant de l'image doit avoir obtenu l'autorisation écrite liée à la captation et à la diffusion.

Intégrer le caractère particulier des œuvres « libres de droit »

L'utilisation des œuvres dites « libres de droit » est très courante dans la réalisation des sites et applications e-commerce, qu'il s'agisse de programmes, de sons, d'images fixes ou animées mises à disposition sur des plateformes, des bibliothèques d'objets ou des banques d'images par exemple. Cette notion, appelée *royalty free* en anglais, se réfère à la liberté d'utilisation de certains contenus qui, une fois acquis, peuvent être utilisés sans payer de redevance à l'auteur. Cela ne veut pas dire que ces contenus ne sont assujettis à aucun droit, bien au contraire. Une licence prenant la forme d'un contrat ou de conditions générales d'utilisation prévoit, le plus souvent, les modalités d'utilisation et d'exploitation des œuvres en question. Il est donc recommandé de bien s'assurer des possibilités offertes par cette licence.

> *Exemple*
> Pour pouvoir utiliser gratuitement un média en provenance du *Wikimedia Commons*, sous la licence *Creative Commons BY-SA 3.0*, l'utilisateur a l'obligation de citer l'auteur originel ou de redistribuer une création dérivée sous la même licence.

Tenir compte du droit de la propriété industrielle

Respecter le droit des marques

Les marques, qu'elles soient nominatives, visuelles ou sonores, sont la propriété exclusive des particuliers ou des personnes morales qui en ont effectué le dépôt. À ce titre, aucune représentation, reproduction, utilisation ou exploitation, que celle-ci soit faite à des fins commerciales ou non lucratives, n'est possible sans l'autorisation écrite et expresse du propriétaire de la marque.

Soyez donc vigilant, notamment lorsque vous souhaitez diffuser sur votre site marchand les marques et logos de vos fournisseurs ou de vos clients au titre des références ou des rubriques intitulées « Ils nous font confiance ». Le fait que les marques représentées soient effectivement celles de vos fournisseurs ou de vos clients ne vous autorise pas à procéder à cette diffusion. Seul un accord écrit précisant la nature, la portée, la finalité et la durée de l'utilisation ou de l'exploitation qui en sera faite peut vous y autoriser.

Respecter le droit des brevets, dessins et modèles industriels

De la même manière que pour les créations protégées par le droit d'auteur ou le droit des marques, les brevets, dessins et modèles industriels déposés ne peuvent être reproduits ou représentés sur un site marchand sans avoir obtenu une autorisation spécifique.

> *Rappel*
> Les peines pour contrefaçon de propriété intellectuelle, de dessins et modèles ou de brevets sont de trois ans d'emprisonnement et de 300 000 euros d'amende à l'encontre des personnes physiques.
>
> Pour les contrefaçons de marques de fabrique, de commerce et de service (art. L. 716-9 et s. CPI), la sanction pénale est de quatre ans d'emprisonnement et de 400 000 euros d'amende.
>
> Pour les personnes morales, l'amende est égale au quintuple de celle prévue pour les personnes physiques (art. 131-38 du Code pénal) et, en plus des peines complémentaires, la loi prévoit la fermeture totale ou partielle, définitive ou temporaire, pour une durée de cinq ans au plus, de l'établissement ayant servi à commettre l'infraction.

Pour rappel, la fabrication et/ou la vente de produits « copiant ou imitant une œuvre littéraire, artistique ou industrielle au préjudice de ses auteurs ou de ses inventeurs » sur un site marchand, créant ainsi une confusion dans l'esprit du consommateur ou du client non averti, constituent une contrefaçon punie par la loi.

> *Exemple*
> Dans un arrêt du 26 juin 2013, la cour d'appel de Paris a considéré qu'en reproduisant sans autorisation sur son site Internet artprice.com les catalogues de la société requérante (catalogues protégeables au titre du droit d'auteur), la société défenderesse s'est rendue coupable d'actes de contrefaçon.

Collecter, gérer et archiver les données personnelles

Un des éléments clés du e-commerce est la gestion du fichier fournisseurs mais aussi et surtout la gestion du fichier clients. Cela implique de bien connaître les règles de collecte, de gestion et d'archivage des données à caractère personnel.

Connaître le droit des données à caractère personnel

Définition des données à caractère personnel

L'article 2 de la loi Informatique et Libertés précise que : « Constitue une donnée à caractère personnel toute information relative à une personne physique identifiée ou qui peut être identifiée, directement ou indirectement, par référence à un numéro d'identification ou à un ou plusieurs éléments qui lui sont propres. Pour déterminer si une personne est identifiable, il convient de considérer l'ensemble des moyens en vue de permettre son identification dont dispose ou auxquels peut avoir accès le responsable du traitement ou toute autre personne. »

Un pseudo, une donnée biométrique, plusieurs éléments spécifiques propres à l'identité physique, physiologique, génétique, psychique, économique, culturelle ou sociale d'une personne, mais aussi sa voix ou son image peuvent constituer une donnée à caractère personnel.

Définition du traitement des données à caractère personnel

Le même article 2 de la loi Informatique et Libertés précise aussi en quoi consiste le traitement de données à caractère personnel, à savoir « toute opération ou tout ensemble d'opérations portant sur de telles données, quel que soit le procédé utilisé, et notamment la collecte, l'enregistrement, l'organisation, la conservation, l'adaptation ou la modification, l'extraction, la consultation, l'utilisation, la communication par transmission, diffusion ou toute autre forme de mise à disposition, le rapprochement ou l'interconnexion, ainsi que le verrouillage, l'effacement ou la destruction. »

Exemple

La CNIL rappelle qu'un traitement de données à caractère personnel peut être aussi bien un fichier papier, un tableau Excel, une base de données qu'une application pour smartphone, un système de paiement par carte bancaire, un module de reconnaissance biométrique ou une solution de vidéosurveillance. Ce traitement n'est pas nécessairement informatisé. Les fichiers papier sont également concernés et doivent être protégés dans les mêmes conditions.

Les entreprises soumises aux règles françaises et européennes relatives aux données à caractère personnel

La loi française, dite « Loi Informatique et Libertés » de 1978, modifiée par la loi LIL de 2004, s'applique aux traitements des données des entreprises qui sont officiellement établies sur le territoire français mais aussi aux entreprises domiciliées à l'étranger lorsqu'elles ont recours à des moyens de traitement situés sur le territoire français.

Depuis 2016, ces entreprises doivent également respecter le RGPD, un règlement européen de protection des données qui s'applique à toute organisation, publique et privée, qui traite des données personnelles pour son compte ou non, dès lors qu'elle est établie sur le territoire de l'Union européenne ou que son activité cible directement des résidents européens.

Appliquer les règles de collecte et d'archivage des données

Les règles générales de collecte des données

Pour que la collecte soit effectuée en toute légalité :

– elle doit être loyale et licite ;

– le traitement des données doit être conforme à la finalité déclarée ou autorisée (c'est-à-dire doit être conforme à l'objectif poursuivi par la mise en place de la base de données) ;

– la personne concernée par la collecte de ses données doit donner son consentement à la collecte et au traitement des données qui la concernent après avoir été dûment informée de ses droits d'accès, de modification et de retrait (désinscription/suppression) ;

– l'archivage et la conservation des données devront s'effectuer pour une durée raisonnable, les données devant être supprimées à l'expiration du délai nécessaire au traitement ;

– enfin, le responsable du traitement des données devra mettre en œuvre des mesures de sécurité physiques et techniques afin d'éviter tout accès non autorisé aux serveurs d'hébergement, les données ne devant être ni divulguées au public, ni modifiées, ni détruites.

La disparition de l'obligation de déclaration préalable à la CNIL

Longtemps, la législation française a imposé en préalable à toute utilisation de données personnelles une déclaration à la CNIL de la part des organismes traitant ces données. Avec les nouvelles dispositions du règlement européen du 27 avril 2016 et la loi de juin 2018 réformant le droit des données à caractère personnel, cette contrainte a disparu au profit d'une volonté de responsabilisation des acteurs et d'une logique de conformité à tout moment du traitement des données.

Le cas particulier des *cookies*

Un *cookie* est un fichier, enregistré sur le disque dur de l'internaute, qui permet aux serveurs de le reconnaître à son arrivée sur une page Web. Les *cookies* sont notamment utilisés par les sites Internet afin de conserver les préférences de l'internaute en vue de sa prochaine visite.

L'ordonnance du 24 août 2011, qui transpose les directives européennes dites « Paquet Télécom », exige l'accord préalable de l'internaute dans l'utilisation des *cookies*. L'acceptation de l'internaute sera accompagnée d'une information selon laquelle l'internaute aura toujours la possibilité de revenir sur sa décision et de s'opposer à cette utilisation. L'accord donné par l'internaute devra être spécifique, c'est-à-dire pour un traitement précis. Il ne s'agira donc pas d'une acceptation globale. C'est pourquoi un paramétrage général autorisant tous les *cookies* ne pourra pas constituer une acceptation valable. Cette nouvelle disposition met un frein à l'utilisation massive des *cookies* par les sites Internet.

Avant de déposer ou de lire un *cookie*, les éditeurs de sites ou d'applications doivent donc obligatoirement :

– informer les internautes de la finalité des *cookies* ;

– obtenir leur consentement ;

– fournir aux internautes un moyen de les refuser.

La durée de validité du consentement de l'internaute est de 13 mois maximum.

En cas de non-respect de la loi Informatique et Libertés, des amendes administratives peuvent être prononcées par la CNIL d'un montant maximum de 150 00 € (300 00 € en cas de récidive), et des sanctions pénales allant jusqu'à 5 ans d'emprisonnement et 300 000 € d'amende peuvent être prises.

Respecter le règlement européen du 27 avril 2016

Un nouveau règlement européen sur la protection des données

Le Parlement européen a adopté le 27 avril 2016, après quatre ans de travail, le règlement européen relatif à la protection des personnes physiques à l'égard du traitement des données à caractère personnel et à la libre circulation de ces données, le règlement général pour la protection des données personnelles des citoyens de l'Union européenne (RGPD). Celui-ci a modernisé les règles de la directive 95/46/CE (règlement général sur la protection des données) et est directement applicable depuis le 25 mai 2018 dans tous les pays membres de l'Union européenne.

Les nouvelles règles du RGPD

Les nouvelles règles permettent aux entreprises de simplifier leurs formalités, et aux personnes détentrices de données à caractère personnel de mieux contrôler leurs données, notamment :

– en leur donnant le droit d'être informées préalablement au traitement de leurs données dans un langage précis, clair et compréhensible (ce qui met un terme aux politiques de confidentialité à rallonge et incompréhensibles) ;

– en facilitant la mise en œuvre de leur consentement de manière claire et explicite quant à l'utilisation de leurs données personnelles ;

– en obligeant les entreprises à les informer en cas de piratage de leurs données ;

– en interdisant l'accès des enfants aux réseaux sociaux ou autres services collecteurs de données, sauf autorisation des parents (les États membres étant libres de fixer la limite d'âge entre 13 et 16 ans selon leur sensibilité) ;

– en leur permettant de bénéficier du droit de demander l'effacement de leurs données personnelles lorsqu'ils ne souhaitent plus que celles-ci soient traitées, sauf existence d'un motif légitime à leur conservation (c'est le fameux droit à l'oubli) ;

– en leur offrant de prendre leurs données avec elles pour les importer vers un service concurrent, par exemple pour changer de fournisseur de messagerie électronique sans avoir à perdre leurs contacts ou leurs messages (c'est le droit à la portabilité des données) ;

– en conférant aux autorités de protection, en France la CNIL, un pouvoir de sanction plus important, puisqu'elles auront la possibilité de prononcer des sanctions administratives pouvant atteindre 4 % du chiffre d'affaires mondial de l'entreprise en cause.

Bien conscients des difficultés pour les entreprises d'intégrer les nouvelles règles du RGPD, les autorités s'appuient sur des conseils de la CNIL à l'usage des acteurs concernés.

Pour aller plus loin : RGPD, se préparer en 6 étapes

1. Désigner un pilote : pour piloter la gouvernance des données personnelles de votre structure, vous aurez besoin d'un véritable chef d'orchestre qui exercera une mission d'information, de conseil et de contrôle en interne : le délégué à la protection des données.

2. Cartographier vos traitements de données personnelles : pour mesurer concrètement l'impact du règlement européen sur la protection des données que vous traitez, commencez par recenser de façon précise vos traitements de données personnelles. L'élaboration d'un registre des traitements vous permet de faire le point.

3. Prioriser les actions à mener : sur la base de votre registre, identifiez les actions à mener pour vous conformer aux obligations actuelles et à venir. Priorisez ces actions au regard des risques que font peser vos traitements sur les droits et les libertés des personnes concernées.

4. Gérer les risques : si vous avez identifié des traitements de données personnelles susceptibles d'engendrer des risques élevés pour les droits et libertés des personnes concernées, vous devrez mener, pour chacun de ces traitements, une analyse d'impact sur la protection des données (PIA).

5. Organiser les processus internes : pour assurer un haut niveau de protection des données personnelles en permanence, mettez en place des procédures internes qui garantissent la prise en compte de la protection des données à tout moment, en prenant en compte l'ensemble des événements qui peuvent survenir au cours de la vie d'un traitement (ex : faille de sécurité, gestion des demandes de rectification ou d'accès, modification des données collectées, changement de prestataire).

6. Documenter la conformité : pour prouver votre conformité au règlement, vous devez constituer et regrouper la documentation nécessaire. Les actions et documents réalisés à chaque étape doivent être réexaminés et actualisés régulièrement pour assurer une protection des données en continu.

www.cnil.fr

Les règles de l'e-mailing et du droit de la consommation

Développer un e-commerce nécessite de promouvoir son activité tout en respectant les règles en matière de prospection, d'e-mailing et de droit de la consommation.

Connaître la valeur juridique d'un e-mail

Définition légale de l'e-mail

En France, la loi pour la confiance dans l'économie numérique du 21 juin 2004 (LCEN) définit l'e-mail comme « tout message sous forme de texte, de voix, de son ou d'image, envoyé par un réseau ou dans l'équipement terminal du destinataire jusqu'à ce que ce dernier le récupère ».

Cette loi, adoptée en conformité avec la directive européenne du 12 juillet 2002, ne vise donc pas exclusivement l'e-mail entendu au sens strict mais intègre dans sa définition d'autres supports de communication tels que les SMS, les MMS, les messages laissés sur les répondeurs, les diffusions de bannières publicitaires ou encore les *chats*.

L'e-mail : une preuve reconnue devant les tribunaux

En France, il a fallu attendre la directive européenne du 13 décembre 1999 sur les signatures électroniques et la loi Guigou du 13 mars 2000 adaptant le droit de la preuve aux technologies de l'information pour que l'e-mail soit reconnu comme une preuve recevable devant les tribunaux, au même titre que l'écrit sur support papier.

L'e-mail, le SMS et le MMS sont des preuves valables, à deux conditions :

– que la personne dont ils émanent puisse être dûment identifiée ;

– s'ils sont établis et conservés dans des conditions propres à en garantir l'intégrité (art. 1366-1 du Code civil).

Sachant que l'e-mail a une valeur probante, il ne faut donc pas prendre à la légère les confirmations de commande par e-mail, les échanges un peu houleux tapés rapidement sur le clavier, ou encore les transferts de données confidentielles à des personnes non habilitées. Ces échanges ne sont pas sans conséquences.

Respecter les règles de rédaction et d'envoi des e-mails

Les règles de rédaction des e-mails

La rédaction d'e-mails répond exactement aux mêmes règles légales que le courrier postal ou l'édition traditionnelle. La rédaction doit être encore plus rigoureuse s'il s'agit d'e-mails purement commerciaux ou à usage promotionnel adressés à des consommateurs.

Exemples

Obligations et règles de bonne conduite à respecter dans la rédaction des e-mails :

– ne pas rédiger de propos non conformes à l'ordre public ou aux bonnes mœurs ou de nature à porter atteinte à l'intégrité d'autrui ;

– ne pas intégrer des éléments protégés par le droit d'auteur ou par le droit des marques sans autorisation expresse de leurs propriétaires ;

– fournir l'identité de la personne pour le compte de laquelle le message est émis ;
– fournir des coordonnées valables permettant au destinataire de demander à ne plus être contacté ;
– mentionner un objet en rapport avec les produits ou services proposés ;
– insérer dans l'e-mail un lien de demande de désinscription.

Les règles d'envoi des e-mails

L'envoi d'e-mails est strictement encadré par le droit, notamment afin d'éviter le développement des e-mails non sollicités (spams). Le spam est une infraction punie par la loi. En France, le fait de spammer peut justifier une amende administrative de 3 000 € pour une personne physique et 15 000 € pour une personne morale (art. L. 34-5 du Code des postes et des communications électroniques), sans compter les dommages-intérêts pour non-respect des clauses contractuelles le liant à son FAI (fournisseur d'accès à Internet).

Afin d'assainir l'environnement de l'e-mailing commercial et pour protéger les données personnelles des destinataires, l'Europe a adopté en 2002 une directive favorable à l'*opt-in* (traduction littérale de « opter pour »). Cette approche pose le principe du consentement préalable de l'internaute avant tout envoi électronique.

Ainsi, « l'utilisation de [...] courrier électronique à des fins de prospection directe ne peut être autorisée que si elle vise des abonnés ayant donné leur consentement préalable » (art. 13 de la directive européenne du 12 juillet 2002 « Vie privée et communications électroniques » ; art. 22 de la LCEN du 21 juin 2004).

Dans les faits, l'expéditeur du mail devra adapter son comportement au destinataire et au type de mail.

Si le destinataire est...	Si le mail est...	La règle applicable est...
Un particulier prospect	– commercial – publicitaire	*Opt-in* : le particulier doit avoir donné son accord préalable (en cochant une case par exemple) et il doit pouvoir se désinscrire.
	– caritatif – humanitaire	*Opt-out* : l'accord préalable n'est pas obligatoire mais la personne doit pouvoir exprimer son souhait de ne plus être recontactée (lien de désinscription).
Un particulier déjà client	– commercial – publicitaire	*Opt-out* : à condition que le particulier soit déjà client de l'entreprise dans le cadre de la vente de produits ou de services analogues à ceux faisant l'objet de la prospection.
– Un professionnel – Une personne morale		*Opt-out* : à condition que la sollicitation soit en rapport avec la profession de la personne démarchée.

Respecter le droit de la consommation

Informer le consommateur de ses droits et obligations

Comme pour n'importe quelle vente effectuée à distance, le e-commerçant a l'obligation d'informer les consommateurs de leurs obligations et de leurs droits, notamment par l'intermédiaire de mentions en ligne, d'un contrat ou de conditions générales d'utilisation et de vente qui doivent se conformer à un certain nombre de règles imposées par la loi, notamment l'ordonnance n° 2016-301 du 14 mars 2016. Cette information doit s'opérer sur le site avant la passation de commande, de manière à ce que celle-ci s'effectue en pleine connaissance de cause.

Les clauses à intégrer dans les conditions générales de vente en ligne (CGV) sont notamment :

- l'identité complète du e-commerçant ;
- les profils des clients visés par les CGV ;
- la description des services et/ou des produits commercialisés sur le site ;
- les modalités de création du compte client ;
- les modalités de passation de la commande ;
- la durée de la validité de l'offre ;
- la politique tarifaire ;
- le droit de rétractation ;
- les modalités de livraison ;
- la gestion des retours ;
- le coût de l'utilisation de la technique de communication à distance utilisée lorsqu'il n'est pas calculé par référence au tarif de base ;
- la garantie légale de conformité ;
- la garantie des vices cachés ;
- les responsabilités du e-commerçant ;
- les droits et les obligations du client ;
- les modalités de collecte et d'archivage des données ;
- le cas échéant, la durée minimale du contrat proposé lorsqu'il porte sur la fourniture continue ou périodique d'un bien ou d'un service ;
- les cas de résiliation du contrat ;
- la langue du contrat ;
- le droit applicable.

Mettre en œuvre une commande en ligne par étapes

La commande doit s'effectuer par étapes.

Première étape

Elle doit permettre au consommateur de visualiser le détail de sa commande et le prix total associé à celle-ci. Ainsi, si le bien nécessite une livraison et/ou s'il nécessite d'être mis en service, le e-commerçant doit informer le consommateur par écrit du surcoût (art. L. 112-1 et suivants du Code de la consommation). En l'absence de cette information, le montant sera réputé inclus dans le prix affiché.

Deuxième étape

Elle doit permettre au consommateur de corriger les éventuelles erreurs commises dans la passation de sa commande telles que des doublons, des erreurs sur le modèle ou sur la quantité, la couleur, la taille ou tout simplement lui permettre de revenir sur son envie de commander le produit.

Troisème étape

Elle permet de valider et confirmer sa commande conformément à l'article 1127-2 du Code civil, qui prévoit que le destinataire de l'offre doit confirmer sa commande pour exprimer son acceptation.

La deuxième et la troisième étapes sont aussi souvent présentées sous le nom de « règle du double-clic » : un clic pour finaliser la commande (récapitulatif), un clic pour valider.

● Mettre en œuvre le droit de rétractation

Conformément à l'article L. 121-18 du Code de la consommation, les consommateurs bénéficient d'un droit de rétractation de 14 jours pour changer d'avis sur les achats qu'ils effectuent à distance, que ce soit *via* Internet ou suite à un démarchage téléphonique. Ce droit s'applique de la même manière si le produit est soldé, d'occasion ou déstocké. Le délai de 14 jours est un délai légal minimum et le e-commerçant a toujours la possibilité de proposer un délai plus long.

Les consommateurs n'ont pas à justifier leur décision de se rétracter ni à payer de pénalités et doivent être remboursés de l'intégralité des sommes versées, frais de livraison inclus.

Attention ! Le droit de rétractation ne s'applique pas à certains contrats comme :

– les services d'hébergement, de transport de biens, de location de voitures, de restauration ou d'activités de loisirs fournies à une date ou selon une périodicité déterminée (place de concert…) ;

– les biens confectionnés à la demande du consommateur ou nettement personnalisés (vêtements sur mesure…) ;

– les biens périssables rapidement (aliments, fleurs…) ;

– les biens qui ont été ouverts et qui ne peuvent faire l'objet de retour pour des raisons d'hygiène ou d'utilisation (CD, DVD ou logiciels informatiques ouverts) ;

– la fourniture de journaux, de périodiques ou de magazines, sauf s'il s'agit d'un contrat d'abonnement.

Dans tous les cas, il faudra informer le consommateur de l'application ou non du délai de rétractation. Si le professionnel n'a pas informé le consommateur de la possibilité d'exercer son droit de rétractation, le délai est prolongé de 12 mois à partir de la fin du délai initial de rétractation.

En application d'une ordonnance du 29 septembre 2021 relative à la garantie légale de conformité pour les biens, à compter du 1er janvier 2022, la garantie légale de conformité des biens est mieux adaptée aux produits connectés ainsi qu'aux contenus et services numériques. Les vendeurs de contenus et services numériques sont désormais tenus de garantir les consommateurs contre les défauts de conformité des biens qu'ils ont achetés. En pratique, en cas de non-conformité d'un produit connecté, d'un contenu ou d'un service numérique, l'acheteur dispose d'un délai de 2 ans pour demander au vendeur de le réparer ou de le remplacer sans frais. À noter : en cas d'impossibilité de réparer ou de remplacer le bien, le contenu ou le service visé, l'acheteur devra bénéficier d'une réduction du prix payé ou du remboursement intégral contre restitution du bien.

Les règles de la publicité *on-line* et de l'affiliation

Bannières, *pop-up*, liens sponsorisés : la publicité et l'affiliation sont partout présentes sur Internet. À la fois outils de promotion et sources de revenu, elles doivent néanmoins respecter certaines règles.

L'environnement juridique de la publicité en ligne

Définition légale et jurisprudentielle

En France, il n'existe pas de définition légale précise de la publicité, et il n'y a pas de cadre légal spécifique dédié à la publicité sur Internet. Le droit qui s'applique est donc celui de la publicité en général.

La définition légale de la publicité résulte :

– de la directive européenne du 10 septembre 1984 relative au rapprochement des dispositions législatives, réglementaires et administratives des États membres en matière de publicité trompeuse, qui définit la publicité comme « toute forme de communication faite dans le cadre d'une activité commerciale, industrielle, artisanale ou libérale dans le but de promouvoir la fourniture de biens ou de services, y compris les biens immeubles, les droits et obligations » ;

– de la jurisprudence : ainsi, on retiendra que « constitue une publicité tout moyen d'information destiné à permettre à un client potentiel de se faire une opinion sur les résultats qui peuvent être attendus du bien ou du service qui lui est proposé » (Cour de cassation, 12 novembre 1986), « […] ainsi que sur les caractéristiques des biens ou des services proposés » (Cour de cassation, 14 octobre 1998). Par ailleurs, « Internet constitue un support publicitaire » (cour d'appel de Rennes, 31 mars 2000, affaire Crédit Mutuel).

Droits applicables à la publicité *on-line*

La publicité *on-line* est régie par six droits distincts : le droit d'auteur, le droit de la communication au public en ligne, le droit de la communication audiovisuelle, le droit de la concurrence, le droit de la publicité et (depuis la mise en œuvre du RGPD) le droit des données à caractère personnel (particulièrement utile dans le cadre des publicités personnalisées et/ou ciblées).

Les règles de création de la publicité en ligne

Les obligations générales applicables

La publicité *on-line* répond aux mêmes obligations que la publicité traditionnelle : elle doit être identifiable, transparente et loyale ; elle ne doit s'appuyer ni sur le dénigrement, ni sur l'imitation d'un concurrent ; elle ne doit pas être trompeuse, ni porter atteinte au droit de propriété des tiers. L'article 20 de la Loi pour la confiance en l'économie numérique de 2004 précise même qu'elle doit « rendre clairement identifiable la personne physique ou morale pour le compte de laquelle elle est réalisée. »

Les règles de rédaction

Toutes les mentions doivent être lisibles, aussi bien les mentions légales (imposées par la loi), que les mentions rectificatives, ou les simples mentions informatives.

Exemple
La durée et le taux d'emprunt d'un crédit à la consommation doivent clairement figurer dans la publicité.

Ces mentions légales et informatives restreignent le sens ou la portée d'une accroche ou d'une allégation et doivent pouvoir être lues dans des conditions normales.

Exemple
Le code des pratiques loyales en matière de publicité de la Chambre de commerce internationale recommande que les mentions figurent dans une taille de caractères suffisante et dans une police qui permet une lecture aisée.

L'obligation d'employer la langue française

En France, la loi Toubon du 4 août 1994 rend obligatoire l'emploi de la langue française « dans la désignation, l'offre, la présentation, la description de l'étendue et des conditions de garantie d'un bien, d'un produit ou d'un service, ainsi que dans les factures et quittances [...] », pour toute publicité écrite, parlée ou audiovisuelle.

Il est néanmoins possible de faire usage d'une langue étrangère : lorsque la campagne publicitaire vise un public étranger ; lorsque la société développe ses activités à l'étranger ; exceptionnellement en France, à condition que la publicité soit accompagnée d'une traduction lisible en français.

L'obligation de respecter les règles spécifiques de publicité pour les produits et services réglementés

Les produits, services ou métiers qui font l'objet de publicités spécialement réglementées comme le tabac, l'alcool, les offres d'emploi, la santé ou encore les produits alimentaires sont concernés par cette réglementation sur Internet.

Exemple
La loi du 6 août 2004 visant à freiner la progression de l'obésité en France oblige les annonceurs de publicités pour produits alimentaires à afficher des messages d'intérêt général de type : « Pour votre santé, évitez de manger trop gras, trop sucré, trop salé » ou « Pour votre santé, pratiquez une activité physique régulière ».

Les règles de diffusion de la publicité en ligne

L'interdiction des spams

De même que l'on ne doit pas envoyer d'e-mail promotionnel sans autorisation préalable du destinataire, la publicité en ligne ne doit pas « harceler » l'internaute.

Exemple
Les *pop-up* qui s'affichent spontanément dans la fenêtre de navigation principale sur Internet sont considérés comme des spams. Ce mode de prospection est interdit par la loi (article L. 34-5 du Code des postes et des communications électroniques).

Les liens sponsorisés

Les liens commerciaux mis en ligne, appelés aussi « liens contextuels », sont des liens achetés pour un mot-clé précis auprès de sociétés comme Google (avec le programme AdWords). Ils apparaissent sur les pages de réponse des moteurs de recherche. Ces liens payants apparaîtront souvent en position préférentielle par rapport aux liens naturels d'autres sites référencés et seront considérés juridiquement comme constituant des liens publicitaires. Ils doivent donc être clairement identifiables par l'utilisateur en tant que publicité grâce à la présence immédiatement visible (au premier regard) des mentions telles que « liens commerciaux », « publicité » ou « publi-rédactionnel ».

Les règles applicables aux contrats publicitaires

Le contrat d'achat d'espace publicitaire

L'achat d'espace publicitaire en ligne est réglementé par la loi Sapin du 29 janvier 1993 relative à la prévention de la corruption et à la transparence de la vie économique et des procédures publiques. Cette loi s'applique quel que soit le lieu d'établissement de l'intermédiaire (professionnel, agent, mandataire publicitaire), dès lors que le message publicitaire est réalisé au bénéfice d'une entreprise française et qu'il est principalement reçu sur le territoire français (article 27). La loi Sapin prévoit que le contrat d'achat publicitaire doit être établi par écrit et doit comporter le prix et les conditions de vente applicables.

Les obligations de l'agence publicitaire

L'agence publicitaire à laquelle le client confie la conception, la planification, la réalisation et la diffusion de la publicité destinée à promouvoir ses produits et services est soumise à un certain nombre d'obligations.

Ainsi, le contrat de publicité liste souvent les engagements de l'agence, qui doit :

- fournir ses meilleurs efforts dans le cadre de l'exécution de ses prestations ;
- faire preuve de discrétion dans l'exécution de ses prestations ;
- vérifier les informations qui lui ont été fournies par le client, notamment les coordonnées, les prix, les désignations et références des produits ;
- informer et conseiller son client selon les règles de l'art ;
- faire preuve de loyauté en s'interdisant de recevoir quelque rémunération que ce soit, notamment de la part du vendeur d'espace publicitaire en ligne.

Le contrat d'échange de bannières

Les échanges de bannières publicitaires sont très répandus sur Internet et prennent des formes variées : *sponsoring*, échange de marchandises, partenariat... Au regard de la loi, ils doivent faire l'objet d'un contrat ou de bons de commande réciproques, ce qui, dans les faits, est rarement le cas.

Le cas spécifique du contrat d'affiliation

Le contrat d'affiliation est un contrat d'entreprise qui s'assimile à un contrat de collaboration, d'adhésion ou de partenariat commercial. Il peut donc être rédigé très librement entre les parties. Il ne faut pas le confondre avec le contrat de publicité. Dans le contrat d'affiliation (contrairement à la régie publicitaire), l'affilié ne propose rien en échange à l'affilieur. L'affilié ne fait que proposer une mise à disposition d'un hyperlien contre rémunération. Le plus souvent, le contrat est conclu pour une durée indéterminée. Chaque partie peut y mettre fin en respectant un délai de préavis et/ou lorsqu'une obligation contractuelle n'a pas été respectée.

Les obligations de l'affilieur

Dans le contrat d'affiliation, il sera essentiel de faire apparaître les droits et obligations de chacune des parties. L'affilieur s'engage à :

– fournir à l'affilié les éléments (bannières, logos, texte, etc.) qui lui permettront de créer sur son site des liens vers le site de l'affilieur ;

– faire preuve de bonne conduite et respecter notamment la Netiquette (règles coutumières de bon comportement sur Internet) ;

– assurer autant que possible une mesure permanente et fiable des résultats de l'affiliation ;

– fournir des statistiques relatives aux ventes réalisées sur le site de l'affilié ;

– mettre tout en œuvre pour assurer la disponibilité du site marchand de l'affilieur ;

– informer l'affilié en cas de suppression d'une offre commerciale directement liée au programme d'affiliation ;

– verser la rémunération à l'affilié dans les conditions prévues au contrat.

Les obligations de l'affilié

L'affilié s'engage à :

– utiliser les liens et visuels fournis par l'affilieur selon les clauses définies au contrat ;

– ne pas modifier l'apparence ou les contenus des supports visuels ou des liens fournis par l'affilieur ;

– informer l'affilieur en cas de changement du contenu du site affilié ;

– ne pas induire les visiteurs en erreur sur l'identité de la personne auprès de laquelle la commande a été effectivement passée. Il doit apparaître clairement qu'il s'agit de l'affilieur ;

– ne pas dévaloriser les produits ou services de l'affilieur ;

– ne pas faire usage du spam ;

– supprimer, sur simple demande de l'affilieur, tout support d'affiliation relatif à une offre commerciale qui n'existerait plus ;

– effectuer les déclarations nécessaires auprès des administrations fiscales et sociales.

> *À noter*
> Le fait pour l'affilié de générer des clics en fraude des droits de l'affilieur constitue un « détournement de finalité » et peut entraîner la résiliation du contrat, le paiement de dommages et intérêts ou encore l'inscription de l'affilié sur une liste de fraudeurs, tout comme le fait de modifier les codes HTML fournis afin d'induire en erreur l'outil de la plateforme d'affiliation.

Les obligations de l'éventuel intermédiaire

Lorsque l'affiliation est indirecte, l'intermédiaire prend généralement la forme d'une plateforme d'affiliation. Même si cet « entremetteur » ne fait que faciliter la transaction sans s'impliquer directement, il peut exister dans le contrat des obligations spécifiques, en rapport notamment avec le choix des profils des affiliés et des affilieurs.

> *Exemple*
> Le contrat peut préciser que les profils d'affiliés se limitent aux bloggeurs spécialisés dans les recettes de cuisine. Si l'intermédiaire sollicite un bloggeur spécialisé dans la vente de matériel de cuisine, il pourrait voir sa responsabilité engagée.

Le plus souvent, c'est une clause d'exonération de responsabilité au profit de l'intermédiaire qui est insérée dans le contrat, relative aux droits des contenus, aux vices internes ou à la sécurité.

Quelle boutique : logiciel libre ou solution propriétaire ?

Vendre sur Internet implique de nombreux choix stratégiques en amont du projet, notamment celui de la plate-forme.

Les principales solutions disponibles

Les solutions propriétaires

Cette expression désigne les solutions de gestion de plate-forme d'e-commerce proposées par les nombreuses entreprises de services du numérique (ESN) ou acteurs du SaaS (*Software as a Service*). Ces solutions sont développées uniquement par leurs concepteurs et exclusivement pour leurs clients. Elles sont donc particulières à chaque prestataire, et celui-ci l'a entièrement imaginée, conçue et développée en fonction de ses besoins. Il n'y a aucune chance de la retrouver chez un concurrent. Il faut donc être particulièrement attentif aux inconvénients que cela peut engendrer.

Les logiciels libres

Les logiciels libres ont le vent en poupe depuis plusieurs années. Ces solutions font l'objet d'une licence, qui octroie à chaque utilisateur un droit illimité d'utilisation, de modification et de diffusion du logiciel. Cette licence généralement gratuite peut parfois être soumise à une contrepartie financière de l'utilisateur. Ces logiciels sont livrés avec leur code source, ce qui permet aux usagers de le modifier selon leurs besoins. Plusieurs plates-formes d'e-commerce fondées sur ce système *open-source* sont aujourd'hui disponibles sur le marché.

Des communautés d'utilisateurs se développent autour de ces logiciels et contribuent à améliorer le système par l'ajout de nouvelles fonctions, la correction de bugs et de failles de sécurité. Ces communautés proposent également une aide aux utilisateurs novices dans l'administration et la configuration du système.

> *Exemple*
> La plate-forme Adobe Commerce, ex-Magento, disponible gratuitement sur www.magento.com, est aujourd'hui leader des solutions e-commerce *open-source*. Elle propose une licence gratuite du programme. Cette plate-forme libre dispose de fonctionnalités très étendues pour la mise en place d'un projet e-commerce, petit ou grand. Adobe Commerce est aussi disponible en version payante hébergée dans le *cloud*.

Ces solutions libres peuvent être mises en place directement par le porteur du projet, ou bien par des agences Web ou ESN. Dans le second cas, les prestataires configurent le système et l'adaptent aux besoins du client d'un point de vue graphique et fonctionnel. Ils proposent également un support technique durant toute la durée de vie de la plate-forme.

La sécurité

Les solutions propriétaires

La sécurité est un aspect à prendre en compte dès la mise en place du projet. Les solutions propriétaires sont proposées par une seule agence Web ou ESN à l'ensemble de ses clients. La solution développée par un prestataire est donc généralement très peu diffusée.

La sécurité sur ces plates-formes est généralement élevée : la non-diffusion de leur code source et leur faible présence sur le marché les rendent moins vulnérables aux attaques des *hackers*.

C'est un avantage conséquent par rapport aux plates-formes *open-source*. Les *hackers* préféreront des plates-formes fortement utilisées sur le Web, susceptibles d'engendrer de gros dégâts et dont les codes sources sont partagés, afin de détecter plus facilement les failles de sécurité exploitables.

● Les logiciels libres

Des failles de sécurité sont fréquemment découvertes dans les solutions *open-source* car le code source est consultable par tous. Néanmoins, grâce à une communauté importante et très réactive, ces failles sont corrigées par des patchs diffusés gratuitement et rapidement sur le site officiel de la solution ou bien sur les divers sites animés par la communauté. En revanche, les solutions propriétaires restent exposées plus longtemps lorsqu'une faille est découverte, car seule la société conceptrice de la solution peut concevoir le patch permettant de combler cette faille. Selon les ressources disponibles, la conception et le déploiement du patch peuvent nécessiter plusieurs jours.

La réponse aux besoins

● Les solutions propriétaires

Un des avantages principaux des solutions propriétaires est qu'elles sont généralement complètement adaptées aux besoins transcrits sur le cahier des charges défini par le client. Le prestataire ayant entièrement conçu la plate-forme, il peut facilement ajouter ou modifier un module selon les besoins du client. Il livre alors une solution au plus proche des attentes du client.

● Les logiciels libres

Dans le cas des solutions *open-source*, cette réponse aux besoins est plus aléatoire et peut demander plus de temps selon la réactivité de la communauté. Mais les porteurs de projet peuvent aussi faire appel à des agences Web, à des agences de communication ou à des ESN, qui seront à même de proposer une solution adaptée. Des modules complémentaires seront alors développés spécifiquement par l'agence et greffés à la solution.

Les fonctionnalités

● Les logiciels libres

Un des principaux avantages des solutions *open-source* est la multitude de fonctionnalités proposées, lesquelles seront sélectionnées selon le projet, selon la cible visée et selon les produits vendus sur le site.

> *Exemple*
> Un internaute qui achète un vêtement souhaitera voir le produit sous tous les angles : il faut alors proposer un système permettant de zoomer sur le produit, de proposer plusieurs angles de vue ou un affichage du produit en 3D. Un acheteur de podcasts prêtera moins d'attention au visuel mais souhaitera entendre un extrait audio avant d'acheter.

Dans le cas d'une solution libre, la fonctionnalité, si elle est disponible – car déjà demandée ou déjà conçue par un utilisateur –, est facilement intégrable au site. En revanche, si elle n'est pas disponible, il sera possible de soumettre à la communauté le développement de ce module. Il y a fort à parier que l'idée fera des émules et qu'au bout de quelques semaines, la fonctionnalité sera mise à disposition gratuitement et sera intégrable au projet. Les possibilités d'évolution d'une solution libre sont donc infinies.

Les solutions propriétaires

Les fonctionnalités à déployer sont donc primordiales dans le choix de la solution à adopter. Elles devront être étudiées du point de vue du coût de développement, du coût de la maintenance et de la faisabilité. Une agence ou une ESN proposant une solution propriétaire fera payer au prix fort les développements de fonctionnalités non prévues dans leur solution.

La capacité à évoluer

Les logiciels libres

Vient un moment dans le cycle de vie d'un projet e-commerce où il faut modifier certains points.

Exemples
Changement d'hébergeur, de graphisme, de moyen de paiement ou même de solution.

Dans le cas d'une solution libre, deux options sont possibles :

– s'il en a les compétences, le porteur de projet peut tout d'abord gérer entièrement la mise en place et la configuration de la plate-forme pour la faire évoluer ou la faire migrer vers une autre solution ou vers un autre hébergeur ;

– si cet aspect du projet a été confié à une agence ou à une ESN, il faut s'assurer dès la mise en place du projet que le prestataire pourra accompagner le site dans son évolution et son cycle de vie et qu'il livre l'intégralité des sources du site à sa livraison et lors de tout ajout ou modification. Il est alors possible de changer d'hébergeur, de prestataire ou même de solution dans les meilleures conditions.

Exemple
OsCommerce était la solution *open-source* la plus utilisée dans le cadre des projets e-commerce. Avec l'arrivée de Adobe Commerce (ex-Magento), de nombreux e-commerçants ont souhaité migrer de OsCommerce à Magento. La communauté d'utilisateurs s'est penchée sur le problème ; quelques semaines plus tard, un mode opératoire détaillé et un module de migration étaient disponibles gratuitement.

Les solutions propriétaires

Dans le cas d'une solution propriétaire, les sources restent la propriété de la société éditrice du logiciel. Dans le meilleur des cas, la licence d'utilisation du logiciel est gratuite, mais, bien souvent, en plus du coût de mise en place et de configuration, il faut payer une licence d'utilisation annuelle ou hebdomadaire. Chaque modification non prévue au cahier des charges initial et nécessitant une modification du code source sera impérativement traitée par la société éditrice, qui facturera le coût de développement. De plus, le porteur du projet est lié au prestataire, lequel détient un droit exclusif sur les sources du site, ce qui peut compliquer le changement d'hébergeur ou de solution.

Le coût financier et le coût humain

Les solutions propriétaires

Il faut distinguer le coût financier et le coût humain d'une solution. Le coût humain est le temps nécessaire au porteur du projet pour la mise en place et la configuration de la plate-forme ; les équipes sollicitées sont mobilisées sur cette tâche, ce qui représente un coût pour l'entreprise.

Le déploiement d'une solution propriétaire demande très peu de temps au e-commerçant, hormis le temps nécessaire à la production du cahier des charges, au suivi du projet et aux différents contacts avec le prestataire. Le coût humain est donc minime, mais le coût financier peut vite s'envoler selon les tarifs pratiqués par l'agence ou l'ESN.

Les logiciels libres

Le choix d'une solution *open-source* engendre, dans la grande majorité des cas, un coût financier moins important sur le long terme en raison de la gratuité de la licence d'utilisation.

En revanche, le coût humain sera plus important si la solution est déployée en interne. Une solution peut néanmoins s'avérer rentable à la fois sur le plan financier et humain : confier la mise en place d'une solution *open-source* à une agence ou à une ESN.

Choisir selon ses besoins et ses compétences

Les solutions propriétaires

La solution propriétaire offre quelques avantages, mais les critères principaux à prendre en compte sont les possibilités d'évolution de la plate-forme et le rapport qualité/prix de la solution retenue. Ces deux caractéristiques sont généralement en faveur des solutions *open-source*.

Toutefois, si le projet est doté d'un budget conséquent à la fois pour la création et pour la mise en place de la plate-forme ainsi que pour sa maintenance et son évolution, la solution propriétaire peut s'avérer intéressante du point de vue de la sécurité. Si le budget permet une évolution des fonctionnalités dans le temps et si le projet est confié à un prestataire de confiance, cette solution peut alors être envisagée. Mais elle est peu recommandée aux entreprises qui recherchent un fort degré de liberté.

L'*open-source* déployé en interne

Si le porteur de projet dispose de compétences solides en développement Web, l'*open-source* est à privilégier : la personnalisation et les fonctionnalités de la boutique seront à la hauteur des attentes et des besoins. S'il ne dispose pas de ces compétences, mieux vaut confier la mise en place du projet à un prestataire qui saura le conseiller dans ses démarches et dans le choix des fonctionnalités.

L'*open-source via* une agence ou une ESN

La solution la mieux adaptée pour un grand nombre d'entreprises est la mise en place d'une plate-forme e-commerce *open-source* telle que Adobe Commerce ou Prestashop, confiée à une agence Web ou à une ESN.

Cette solution permettra de contrôler le coût financier de la mise en place, coût devisé par le prestataire lors de l'appel d'offres. Elle permettra d'économiser du temps puisque la solution livrée par le prestataire sera généralement « clé en main ». Ce temps si précieux dans la phase de création du projet pourra être utilisé pour d'autres problématiques telles que la composition de l'offre produit, l'analyse de la cible, le e-marketing ou la visibilité du site.

Développer son site en interne ou externaliser ?

Une fois la solution logicielle choisie (*open-source* ou propriétaire), il faut trouver un prestataire ou confier la réalisation technique du site aux équipes de l'entreprise. Quels sont les avantages et inconvénients de ces choix ?

Les solutions

La conception et le développement en externe

L'externalisation, ou *outsourcing*, désigne le fait de confier la réalisation du site Internet à une entreprise extérieure. L'entreprise porteuse du projet peut alors se concentrer sur son cœur de métier. Les prestataires extérieurs sont généralement des agences Web, des agences de communication ou des ESN. Cette solution est fortement conseillée aux entrepreneurs ayant peu de connaissances sur Internet et sur l'e-business. (➤ POUR ALLER PLUS LOIN)

La conception interne et le développement externe

L'entreprise porteuse du projet peut souhaiter externaliser le design et le développement du site – la partie technique – et réaliser en interne toute la conception fonctionnelle. Elle fait généralement ce choix lorsqu'elle dispose de compétences pointues dans le domaine, mais qu'elle manque de savoir-faire technique pour réaliser le site.

Cette solution est un bon compromis pour les entreprises qui disposent de peu de moyens, car elle permet d'obtenir un site correspondant exactement à ses besoins, d'économiser les nombreux allers-retours avec le prestataire dans la phase de conception tout en obtenant un site techniquement efficace dès la mise en ligne, et ce, pour un prix raisonnable. Cette partie conseil pourra ensuite être complétée par une agence, une fois que l'entreprise sera devenue rentable, afin d'améliorer l'efficacité du site. Elle aura permis d'économiser un budget et un temps non négligeable au moment du lancement de l'activité.

La conception et le développement en interne

Certaines entreprises font le choix de réaliser l'ensemble de ces opérations directement en interne. Cette option n'est envisageable que pour des entreprises disposant de budgets importants, car elle implique d'embaucher de nombreux collaborateurs aux profils variés, pointus, et disposant d'une expérience solide en e-marketing, UX/UI design, direction artistique, développement et réseau. Elle nécessite également que le porteur de projet ait un minimum de compétences dans l'ensemble de ces disciplines afin de pouvoir piloter ses équipes. Cette solution est intéressante lorsque l'activité nécessite une forte confidentialité ou si le site est voué à évoluer très régulièrement, ce qui permet d'exploiter les ressources recrutées.

Les critères de choix

Les besoins

Le marketing et la communication sur le Web évoluent sans cesse. Pour assurer sa pérennité, un site Internet doit impérativement être un support de communication performant et capable d'évoluer. Il est donc nécessaire d'anticiper ce besoin dès la conception du site.

Pour se démarquer de la concurrence et satisfaire sa clientèle, il est impératif d'adopter les technologies et les normes les plus récentes. Cette perpétuelle évolution requiert des compétences solides et renouvelées afin de créer ou conserver un site e-commerce en correspondance avec les attentes des clients et prospects.

Plus les attentes sont importantes, plus la technologie employée devra être pointue et demandera un savoir-faire adapté. Il est conseillé de s'appuyer sur une expérience et sur des compétences solides si l'on souhaite internaliser ces métiers, ou d'avoir recours à l'externalisation par le biais d'agences Web ou d'agences de communication.

● Les ressources financières

Le choix dépend également du budget que peut investir l'entreprise dans la création de son site Internet. Plus le budget est important, plus elle pourra faire appel à des professionnels qui sauront la conseiller et assurer son succès.

Certains métiers peuvent être exercés en interne, mais il ne faut pas négliger la qualité du résultat. Le coût d'une agence de communication ou d'une agence Web ou e-marketing ne doit pas être considéré comme une dépense mais comme un investissement.

● Les ressources humaines

Si l'entreprise dispose des compétences et savoir-faire requis, elle pourra développer son site en interne. Il est néanmoins nécessaire de se faire assister tout au long du projet par un conseil extérieur, qui pourra aider à la mise en place du projet.

POUR ALLER PLUS LOIN : EXTERNALISATION, *OFFSHORING* ET *NEARSHORING*

➤ L'externalisation classique

Plusieurs solutions sont à envisager dans le cadre de l'externalisation du développement d'un site Internet. La première solution consiste à externaliser une partie ou la totalité de la réalisation du site Internet en la confiant à une entreprise française. La proximité permet des visites sur site et une langue commune, mais le coût horaire sera plus élevé que dans d'autres pays. Cette option permet néanmoins d'avoir accès à un savoir-faire et à des compétences plus importantes qu'en interne, et de bénéficier d'une connaissance des attentes des internautes du pays d'origine de l'entreprise porteuse du projet.

➤ L'*offshoring*

L'*offshoring* est le fait d'externaliser la réalisation de son site dans des pays éloignés, afin de réduire les coûts de production. Il est néanmoins difficile de se déplacer en cas de problème ou d'incompréhension. La culture et la langue n'étant pas forcément les mêmes, les ambiguïtés peuvent être fréquentes. Il est de ce fait conseillé de ne pas externaliser la partie conseil dans la réalisation d'un site Web.

➤ Le *nearshoring*

Le *nearshoring* combine les intérêts de l'externalisation classique et de l'*offshoring*, en permettant d'externaliser la réalisation du site Internet dans un pays voisin, proche de la culture française ou dans une région française dans laquelle la main-d'œuvre est moins onéreuse. Les incompréhensions et ambiguïtés sont alors limitées et le déplacement sur site est envisageable. Il est conseillé, dans le cadre de l'*offshoring* ou du *nearshoring*, de traiter avec des entreprises employant des collaborateurs parlant la langue du pays de l'entreprise porteuse du projet.

Bâtir un cahier des charges pour son site

Le cahier des charges est un élément essentiel dans la réalisation d'un site Internet. Il doit être exhaustif tout en restant lisible par tous. Il n'existe pas de modèle unique, le contenu étant intimement lié au projet envisagé.

À quoi sert le cahier des charges ?

Formaliser les besoins

Le premier objectif du cahier des charges est de définir de la façon la plus précise possible les spécifications du site. Cela implique de définir des critères objectifs de recevabilité.

Définir les objectifs

La rédaction d'un cahier des charges exige une grande précision. Il ne faut pas oublier pour autant de bien préciser les objectifs principaux. Le détail ne doit pas masquer les lignes directrices. Le grand défaut de la plupart des cahiers des charges est précisément de noyer l'essentiel sous le détail. Cela engendre souvent des désaccords entre le client et le réalisateur lors de la livraison finale du site.

Créer un référentiel

Que le projet soit réalisé en interne ou sous-traité à un prestataire, le cahier des charges doit être un référentiel, un document sur lequel tout le monde est d'accord, le demandeur comme les réalisateurs du site. Il doit donc être compréhensible par tous les acteurs du projet (direction, techniciens, commerciaux…).

Contrairement à ce qui se dit souvent, le cahier des charges n'est pas, *a priori*, un document contractuel. Il ne le devient que lorsqu'il est accepté par les deux parties : le demandeur et le prestataire qui réalise le service.

Sélectionner les prestataires

Si l'on décide de sous-traiter la réalisation du projet, le cahier des charges est une pièce maîtresse dans la sélection du prestataire. C'est ce qui va permettre à ce dernier d'établir un chiffrage et de faire une proposition cohérente avec les objectifs définis. C'est aussi l'élément de base pour définir un planning avec des étapes de réalisation.

Projet ouvert ou fermé ?

Un projet ouvert est un projet offrant une certaine latitude dans la réalisation. À l'inverse, un projet fermé ne laisse que peu de place à l'imagination. Selon le type de projet, le contenu du cahier des charges sera différent. Dans le premier cas, la définition des objectifs est primordiale. Dans le second cas, on se concentrera sur les résultats attendus plutôt que sur la marche à suivre.

Exemple

Une société souhaite mettre en place un site de commerce électronique. Si elle a déjà décidé quels seront le logiciel à réaliser ou à mettre en place, la plate-forme technique, le langage utilisé, l'arborescence des pages, etc., le projet sera fermé. Le prestataire devra suivre les consignes. Si au contraire la société n'a pas d'*a priori*, le prestataire pourra proposer un logiciel, une structure pour le site, etc. Dans ce cas, le projet sera ouvert. (➤ POUR ALLER PLUS LOIN)

Quels sont les points essentiels ?

Le contexte

Dans ce paragraphe du cahier des charges, on précise l'objet du marché, la société cliente, ainsi que l'environnement technologique déjà en place.

Exemple

Connaître le type de société est intéressant. Selon la taille de la société, le prestataire ajustera son offre. Concevoir un site pour une société importante implique la prise en compte de contraintes souvent fortes : règles de programmation strictes, respect des normes internes, procédures sécuritaires, etc. Ces éléments vont augmenter la durée de réalisation globale du projet.

Un point important, souvent oublié, est la définition du périmètre du projet, c'est-à-dire ce qui entre ou non dans le projet.

Exemple

Pour un projet de commerce électronique, le référencement constitue un élément important. Mais le référencement du site fait-il pour autant partie du périmètre de ce qui est demandé au prestataire ? L'optimisation du site pour le référencement est-elle à inclure dans la prestation ?

Les besoins et objectifs

C'est évidemment une des parties importantes du cahier des charges. Il est impératif de bien définir les exigences fondamentales. Une bonne définition des besoins et des objectifs favorisera le dialogue entre les différents partenaires et permettra d'obtenir du prestataire une conception et une réalisation optimales.

Les fonctionnalités

Cette partie permet de formaliser le besoin avec précision, en décrivant les fonctions à mettre en place ainsi que les contraintes à respecter. Si l'on détaille les fonctions à réaliser, ce document ne doit pas être technique. Il faut distinguer le besoin ou la fonction et la solution technique.

Exemple

On pourra préciser dans le cahier des charges fonctionnel quels sont les traitements à appliquer lors de l'enregistrement d'un client, ou quelles sont les informations que l'on souhaite conserver pour chacun d'eux. En revanche, on ne tentera pas d'expliquer comment le formulaire d'enregistrement pourrait être fait dans un langage spécifique, ni le schéma de la base de données destinée à stocker les informations concernant les clients.

Les fonctionnalités pourront être précisées dans un cahier des charges fonctionnel séparé. Ce cahier fonctionnel deviendra le « lien de compréhension » entre le demandeur (le client) et le réalisateur (le prestataire ou les équipes internes).

Les contraintes

Rares sont les projets totalement autonomes. Il convient donc de référencer et de lister les contraintes imposées. Ces contraintes peuvent être de toutes sortes : langage de programmation ou base de données à utiliser, liaison avec le système informatique existant, temps d'affichage maximal d'une page, respect de normes de développement, contraintes sécuritaires, etc.

Exemple

Si une société décide de sous-traiter la réalisation d'un site mais qu'elle envisage d'en assurer elle-même la maintenance, il est raisonnable d'imposer au prestataire un développement dans un langage de programmation maîtrisé par les équipes de développement internes à la société.

Les préconisations

Les préconisations sont des préférences suggérées par le client. Une erreur courante dans la rédaction d'un cahier des charges consiste à confondre préconisations et contraintes. Les préconisations n'ont pas de caractère impératif.

Les flux et volumes

Préciser les flux donne une idée de l'architecture globale du site. Ces flux de données sont principalement les flux de données internes au site mais aussi les éventuels flux entre un site Internet et le système informatique de l'entreprise.

> *Exemple*
> Les commandes générées sur le site peuvent être intégrées dans un système de gestion commerciale propre à l'entreprise à des fins de suivi et d'analyse. De même, les ventes peuvent être générées sous une forme compatible avec leur exploitation en comptabilité.

Le volume de données et le nombre attendu de transactions sont des informations importantes qui permettent d'optimiser les logiciels et, surtout, la structure des bases de données. Plus le volume des données et des transactions est important, plus la base de données doit être optimisée. Sans cette optimisation fine, les temps d'accès seront médiocres.

Les prévisions d'évolution

Préciser quelles sont les prévisions d'évolution n'est pas seulement informatif. L'objectif est de pouvoir évoluer sans remise en cause de l'existant.

> *Exemple*
> Un site Internet peut être lancé dans une seule langue. Mais si on souhaite gérer plusieurs langues par la suite, il convient de l'indiquer dans le cahier des charges. Si cela n'est pas prévu dès le départ, le risque de remise en cause des développements déjà effectués est réel.

La sécurité

C'est une préoccupation essentielle ; pourtant, la sécurité est parfois difficile à définir dans un cahier des charges. Le minimum est de demander au prestataire quelles actions il compte entreprendre pour que les développements correspondent à un niveau minimal de qualité. Cela l'obligera à effectuer des tests avant la livraison des logiciels.

Les critères de recevabilité pourront également indiquer que les développements devront passer avec succès un test de sécurité. De nombreux outils sont disponibles pour ces tests.

Les critères de recevabilité

Pour éviter la plupart des problèmes de compréhension entre le client et le prestataire, il est nécessaire de définir des critères de recevabilité. Ce sont ces critères qui permettront de dire, objectivement, si les développements sont ou non conformes aux attentes.

Les prestations complémentaires

Les prestations complémentaires couvrent toutes les prestations attendues hors développement : maintenance, documentation, formation, assistance au démarrage, etc. Elles peuvent faire l'objet de contrats séparés mais doivent être mentionnées dans le cahier des charges comme faisant partie intégrante du projet.

Le planning

Le planning n'est pas toujours mentionné dans le cahier des charges. Le client peut se limiter à fixer une date butoir. Si la date de fin est la seule date précisée, il conviendra ensuite de définir un planning de réalisation avec le prestataire.

Ce planning inclura des jalons pour contrôler périodiquement l'avancement du projet, sans oublier les périodes de test.

Quels sont les points complémentaires ?

La prise en compte de l'existant

Certains points complémentaires n'apparaissent pas systématiquement dans le cahier des charges. Mais, pour certains projets, ils sont très pertinents et doivent donc être mentionnés, par exemple si le réalisateur du site doit prendre en compte l'existant.

Dans un projet Internet, l'existant se résume souvent aux données. C'est le cas lorsqu'un site est en place et que l'on envisage une refonte complète avec d'autres outils. Dans ce cas, il faut intégrer la prise en compte et le transfert des données existantes. La transition est souvent le problème le plus délicat à gérer.

Le budget

Deux écoles s'affrontent sur ce point : certains pensent que le budget doit être mentionné dans le cahier des charges, ne serait-ce que pour orienter le prestataire ; d'autres considèrent au contraire que le client doit définir ses besoins et que c'est au prestataire de les chiffrer. Les deux solutions sont acceptables.

Les éléments de réponse

Ces éléments servent à guider le prestataire dans sa réponse et à normaliser les réponses des différents prestataires auxquels sera soumis le cahier des charges. L'objectif principal de ce paragraphe sera de pouvoir comparer facilement les différentes offres.

Exemple

On peut demander aux prestataires de chiffrer le projet, non pas globalement mais poste par poste. On facilite ainsi la comparaison entre les différentes offres.

POUR ALLER PLUS LOIN : LA PLACE DU CAHIER DES CHARGES DANS LE DÉROULEMENT D'UN PROJET

L'étude d'opportunité

Le cahier des charges n'est qu'une étape dans le déroulement du projet. La première étape est l'étude d'opportunité. Cette étude permet de recenser les besoins et de décider de la viabilité du projet. Traditionnellement, cette phase se termine par une note de cadrage qui officialise l'intention de lancer le projet.

L'étude de faisabilité

Cette étude consiste à confronter les besoins avec des critères économiques (les coûts et les gains attendus) et techniques. À cette étape, les coûts sont estimés grossièrement, dans l'attente des chiffrages précis des prestataires.

Le cahier des charges

Celui-ci impose une analyse très précise des besoins. C'est le premier document qui décrit le projet de façon assez complète.

L'appel d'offres

L'appel d'offres est basé sur le cahier des charges. C'est ce document qui est transmis aux différents prestataires susceptibles de répondre au besoin.

Réussir son application pour smartphone

Réussir son application pour smartphone impose tout d'abord de maîtriser les différentes étapes de sa conception. Mais le e-commerçant doit également faire connaître sa marque et développer ses ventes.

Les contraintes à respecter lors de la conception de l'application

Avoir un impact sur les ventes et la notoriété

Le succès d'une application se mesure au nombre de téléchargements, mais aussi et surtout par l'impact en termes de ventes pour la marque. Une application qui ne sera pas téléchargée est un échec, mais une application très téléchargée qui n'a aucun impact sur les ventes ou sur la notoriété de la marque sera tout aussi inutile.

Apporter un service

Pour être téléchargée, une application doit apporter un service au mobinaute. Elle doit lui permettre d'accéder à un contenu ou à une expérience exclusifs qu'il ne retrouvera ni sur le site Internet, ni sur le site mobile de la marque si elle en possède un. Concevoir une application qui reprend uniquement les contenus disponibles sur le site Internet constitue une erreur fondamentale pour deux raisons :

– l'application ne sera pas téléchargée car il est plus facile d'accéder à un site Internet que de télécharger une application ;

– l'application risque de ne pas être acceptée sur les *stores* (plates-formes de téléchargement des applications), car elle n'apporte rien de plus que le site.

Une application doit donc utiliser les fonctionnalités des smartphones et se démarquer des autres supports de communication de la marque.

Tenir compte de la concurrence

La concurrence est aussi à prendre en compte : plus elle est forte, plus il sera difficile de faire connaître son application. Réaliser un *benchmark* des applications concurrentes est donc indispensable avant de proposer une application vraiment innovante et qui aura un véritable impact sur la marque.

Ne pas négliger le budget

La conception et le développement d'une application représentent un budget non négligeable. Avant de se lancer, il est indispensable de mesurer le retour sur investissement en évaluant le nombre de ventes supplémentaires que l'application générera ou en estimant le temps permettant de la rentabiliser.

Exemple

Il faut compter au minimum 10 000 € pour concevoir une application de bonne qualité. La facture peut être plus élevée selon les fonctionnalités.

Les contraintes à respecter lors de la réalisation

Rédiger un cahier des charges

Avant de lancer le développement d'une application, il faut connaître ses fonctionnalités. Comme pour un site Web, un cahier des charges sera rédigé pour permettre aux développeurs d'avoir une vision précise de ce qu'ils doivent produire. Si le e-commerçant fait appel à une agence, celle-ci pourra l'accompagner dans la rédaction du cahier des charges, mais cette prestation sera payante.

Exemple

Une agence facture généralement ses services entre 500 et 1 000 € la journée d'un de ses collaborateurs. Si on considère que la production du cahier des charges nécessite au moins 4 jours de travail (selon les fonctionnalités), le coût sera de 2 000 € HT au minimum.

Réaliser un *storyboard*

L'ergonomie de l'application doit être parfaitement adaptée à une utilisation mobile. L'étape essentielle à ce stade consiste à créer un *storyboard* de son application, qui permettra de concevoir les différents écrans, leurs interactions, l'arborescence de l'application et son schéma de navigation. Il offre une vue claire de ce que sera l'application. Une fois le *storyboard* validé, on passera à la création et à l'habillage graphique des différents écrans.

Choisir un mode de développement

Une fois le cahier des charges, le *storyboard* et les maquettes validés, le développement peut commencer. Deux solutions sont possibles :

– développer l'application en HTML et la convertir ensuite en code natif (c'est-à-dire spécifique) pour chacun des *stores* ;

– développer directement les différentes versions dans le code des différents *stores* ciblés.

La promotion de l'application

Le lancement et la promotion de l'application constituent une étape délicate. Il faut soumettre l'application sur les différentes plates-formes de téléchargement et la faire connaître. Un plan de communication pour le lancement de l'application est souvent nécessaire. (➤ POUR ALLER PLUS LOIN)

Exemples

Promotion sur le site Web, campagne d'e-mailing, relais sur les packs produits, réseaux sociaux et relations presse/blogueurs sont souvent nécessaires pour faire connaître une application.

POUR ALLER PLUS LOIN : FIDÉLISER LES MOBINAUTES À L'UTILISATION DE SON APPLICATION

En raison de la profusion d'applications disponibles sur les *stores* et du nombre d'applications installées sur les smartphones, une application qui n'apporte pas de réelle valeur ajoutée est souvent délaissée quelques jours après son téléchargement. Pour rappeler aux mobinautes qu'ils l'ont installée, des mises à jour régulières et l'envoi de messages en *push* à l'utilisateur seront très utiles.

Exemple

On pourra envoyer un message en *push* au mobinaute pour l'informer que le produit épuisé qui l'intéressait est de nouveau disponible.

Les risques liés au paiement

Les paiements en ligne sont de plus en plus sûrs. Au terme du premier semestre 2021, seulement 0,149 % de ce type de transactions s'accompagnait d'une fraude, en baisse de plus de 14 % par rapport à la moyenne de l'année 2020 (source : Banque de France). En fait, 97 % des porteurs de carte bénéficient désormais d'un système d'authentification forte pour sécuriser au maximum les transactions à distance. Les principales victimes d'escroqueries sont les commerçants et les banques. Il convient donc de bien connaître les différents systèmes de garantie.

La responsabilité du paiement sur Internet

La responsabilité du commerçant

Sur Internet, les fraudeurs emploient essentiellement deux techniques :

– l'usurpation d'identité (en utilisant un numéro de carte bancaire à l'insu de son détenteur légitime) ;

– la répudiation des transactions après réception de la marchandise.

L'usurpation d'identité

Le cas de l'usurpation d'identité est ancien : il existe en effet des générateurs de numéros de carte bancaire à même de fabriquer des numéros valides et utilisables. Le fraudeur peut également photographier le recto et le verso d'une carte bancaire à l'insu de son propriétaire. Cette technique est théoriquement impossible dans le commerce traditionnel, où la saisie d'un code secret au moment du paiement est le moyen d'identifier le porteur de la carte (hormis le cas d'un paiement sans contact qui toutefois reste limité dans son montant par sécurité).

La répudiation des transactions

Elle consiste à annuler le paiement après réception de la marchandise. Le cyberclient fraudeur est donc en possession de la marchandise tout en étant remboursé par sa banque, qui se retourne contre le commerçant. Dans tous les cas, c'est ce dernier qui supporte la répudiation et qui doit se retourner contre le client fraudeur. Une procédure est souvent impossible à engager, car le coût est trop élevé par rapport à l'enjeu.

La protection du consommateur acheteur : les délais de retour

Contrairement aux idées reçues, l'achat sur Internet comporte davantage de garanties pour le consommateur qu'un achat traditionnel : il bénéficie en effet d'un délai de retour de la marchandise de 14 jours, sans avoir à se justifier ni à payer de pénalités, à l'exception, le cas échéant, des frais de retour. Ce délai de rétractation de 14 jours, instauré par la loi Hamon (le délai était de 7 jours avait cette loi), est applicable aux contrats conclus depuis le 14 juin 2014.

Par ailleurs, en cas d'utilisation frauduleuse de sa carte, son détenteur légitime peut répudier le paiement dans les 13 mois qui suivent la date du débit.

La protection du consommateur acheteur : le paiement par carte bancaire

Concernant le paiement par carte bancaire sur Internet, l'article L. 133-18 du Code monétaire et financier (ordonnance n° 2009-866 du 15 juillet 2009) prévoit qu'en cas d'opération de paiement non autorisée signalée par l'utilisateur, la banque rembourse immédiatement au payeur le montant de l'opération non autorisée et, le cas échéant, rétablit le compte débité dans l'état où il se serait trouvé si l'opération de paiement non autorisée n'avait pas eu lieu. La banque ne peut infliger au titulaire les pertes liées à l'utilisation de cet instrument de paiement que dans la limite d'un plafond de 150 €.

Toutefois, la responsabilité du payeur (titulaire de la carte) n'est pas engagée – et il ne supportera donc pas le plafond des 150 € – en cas d'opération de paiement frauduleuse effectuée sans utilisation du dispositif de sécurité personnalisé (par exemple, un code unique fourni par la banque au moment de chaque transaction).

De même, la responsabilité du payeur n'est pas engagée si l'opération de paiement contestée a été effectuée en détournant, à son insu, l'instrument de paiement ou les données qui lui sont liées. Il en va de même en cas de contrefaçon de la carte bancaire si, au moment du paiement, le payeur était en possession de sa carte.

Cependant, l'article L. 133-24 du Code monétaire et financier prévoit que l'utilisateur de services de paiement doit signaler sans tarder à son prestataire (sa banque) une opération de paiement non autorisée ou mal exécutée et au plus tard dans les 13 mois suivant la date de débit.

Les moyens de protection pour le commerçant

La vigilance interne

Tous les commerçants ne sont pas exposés de la même manière à l'escroquerie. Le type de produit vendu détermine largement le risque. Un système de surveillance interne des achats peut s'avérer assez efficace.

Les principaux éléments qui doivent susciter la vérification poussée d'une commande sont les suivants :

– une commande inhabituelle dans sa composition ;

> *Exemple*
> Une commande sur un site de vente de produits textiles de 3 tee-shirts de taille S, 3 de taille M, 3 de taille L, 3 de taille XL...

– une commande inhabituelle dans son montant ;

> *Exemple*
> Alors que le panier moyen est de 90 €, le site reçoit une commande de 1 500 €.

– une commande inhabituelle dans sa géographie ;

> *Exemple*
> Alors qu'un site Web est rédigé en français et vend essentiellement sur le territoire français, la commande provient d'un pays lointain.

– une série de commandes différentes provenant de la même adresse IP ;

> *Exemple*
> Dix commandes ayant pour origine une même adresse IP signifie qu'un seul et même ordinateur a été utilisé.

– des éléments liés au profil du client qui, ajoutés les uns aux autres, deviennent suspects.

Exemple
Adresse e-mail gratuite (Yahoo !, Gmail, Hotmail), pas de numéro de téléphone, adresse suspecte (boîte postale)...

La vérification de l'identité du client

Si certains des éléments ci-dessus sont réunis, la commande peut être considérée comme suspecte. Cela ne signifie pas obligatoirement que le client est un escroc, mais le commerçant devra alors procéder à une vérification :

– du numéro de téléphone ou de l'adresse du destinataire, par le biais des *Pages Blanches* ou en appelant directement le client sous prétexte de lui indiquer la date à laquelle sa commande pourrait partir ;

– de l'identité du client en lui demandant de faire parvenir une copie de sa carte d'identité, de son passeport ou d'un justificatif de domicile. Cela suffit souvent à repérer un escroc.

L'annulation du paiement

Si le doute subsiste, on peut proposer au client d'annuler son paiement par carte bancaire (ce qui est possible grâce au *back-office* de gestion proposé par les prestataires de paiement) et de payer par virement avec une remise.

À ce niveau, si le commerçant refuse la commande, le remboursement doit se faire *via* une procédure d'annulation du paiement ou, si cela n'est plus possible, *via* une « saisie-crédit » sur la carte bancaire qui a été utilisée pour régler l'achat. S'il procède autrement (s'il renvoie un chèque, par exemple), le commerçant risque de rembourser un achat dont le paiement sera ensuite répudié.

Le commerçant peut aussi bloquer les achats d'un montant trop important et proposer au client de faire un virement. Une fois celui-ci crédité sur le compte du commerçant, il ne pourra plus être répudié. Dans ce cas, il est impératif d'attendre la réception des fonds sur le compte de l'entreprise avant d'expédier la marchandise.

La souscription d'une assurance

Il existe des offres d'assurance à même de protéger les e-commerçants. Elles permettent, après certaines vérifications, de couvrir les achats réalisés et de protéger le commerçant contre une répudiation intempestive du paiement.

Cependant, ce type de prestation a un coût élevé et ne doit concerner que les commerçants les plus exposés aux escroqueries. De plus, les exigences des assureurs sont assez importantes (livraison des produits contre signature, par exemple) et ils peuvent se réserver le droit de ne pas assurer des activités trop exposées.

Ces compagnies proposent également des logiciels d'analyse des ventes, parfois indépendants de leurs prestations d'assureur, qui permettent de détecter les commandes potentiellement frauduleuses. Leur prestation peut aller jusqu'à la labellisation des sites et l'apposition d'un logo à même de rassurer l'acheteur.

L'utilisation de nouveaux systèmes de sécurité : l'authentification forte

Au moment du paiement et pour éviter la répudiation, la difficulté pour le e-commerçant est d'identifier clairement que le payeur est bien le titulaire légitime de la carte. L'idée de demander au client d'indiquer le « code visuel » ou « cryptogramme » au verso de sa carte est assez efficace. Cependant, elle n'empêche pas certains escrocs de voler les informations du recto et du verso d'une carte, lorsque l'internaute s'en défait un court moment, à l'occasion d'un paiement à un péage d'autoroute ou chez un commerçant, par exemple.

Un système de sécurité, l'authentification forte, représente une avancée considérable pour la protection du e-commerçant.

Lors de la transaction, l'internaute doit saisir son numéro de carte, sa date de validité, son nom et prénom et le code indiqué au verso de la carte.

Pour valider l'opération, le client doit prouver qu'il en est bien à l'origine en utilisant au moins 2 des 3 facteurs suivants :

- un élément que lui seul connaît : mot de passe, code secret, question secrète… ;
- un élément que lui seul possède : téléphone portable, montre connectée… ;
- un élément biométrique : reconnaissance faciale, vocale, empreinte digitale…

> *Exemple*
> La banque BNP Paribas va demander au client de se connecter à son application bancaire, et de valider le paiement réalisé sur le web… Cette validation sera faite *via* son empreinte biométrique, son code secret, etc.

En contrepartie, l'acheteur ne peut plus faire jouer son droit de répudiation (le paiement est effectif dans un délai de 3 jours maximum), et le commerçant est assuré de bien encaisser le produit de la vente. En cas de litige, c'est la banque qui supporte l'ensemble du risque.

Les moteurs de recherche

Carrefour indispensable et outil quotidien des internautes, les moteurs de recherche font partie de notre vie de tous les jours. En France comme dans de nombreux autres pays, Google est le *leader* évident. Comment fonctionnent ces moteurs de recherche qui rythment nos requêtes et nos investigations sur la Toile et que trouve-t-on « sous leur capot », parfois bien mystérieux ?

L'histoire des moteurs de recherche

Les moteurs de recherche sont nés à peu près à la même époque que le Web, en 1993. En décembre 1995 a été créé AltaVista, le premier véritable moteur de recherche pertinent, qui a rapidement connu un succès important.

AltaVista a régné en maître, avec quelques-uns de ses concurrents, jusqu'à la fin des années 1990 et le début des années 2000. Cette époque a vu l'avènement de Google, un nouvel outil qui a révolutionné le monde de la recherche d'information sur le Web, en apportant de nouveaux critères de pertinence dans ses algorithmes. (➤ POUR ALLER PLUS LOIN)

Google ne se contentait plus de lire le code HTML des pages (ou « code source ») pour y trouver les mots constituant la requête de l'utilisateur, mais prenait en compte des informations « au sujet » de ces documents.

Exemple
Parmi les nouveaux critères de recherche, Google propose la popularité (*PageRank*), la réputation (analyse du texte des liens entrants sur la page) ou encore la confiance (*TrustRank*).

L'indexation

L'index : un gigantesque réservoir de documents

Un moteur de recherche fonctionne avant tout sur la base d'un index de pages Web, énorme réservoir de documents dans lequel le moteur pioche ses résultats. La taille de l'index de Google est estimée entre 40 et 100 milliards de pages (il n'existe pas de chiffre officiel).

Les robots : la mise à jour des index

Cet index est maintenu et mis à jour par des robots (ou *spiders* ou *crawlers*) ; ces logiciels ont deux fonctionnalités précises :

– sauvegarder le code HTML des pages Web ;

– suivre les liens contenus dans ces pages.

En suivant les liens identifiés dans les pages du Web, les *spiders* récupèrent ainsi de nouvelles pages, mais aussi de nouvelles versions de pages existantes.

De plus, au fur et à mesure de leurs visites sur les pages Web, ces robots tentent de « comprendre » la fréquence de mise à jour de leur contenu : plus souvent le contenu sera renouvelé, plus fréquentes seront les visites du *spider*.

Exemple
Le contenu d'une page d'accueil mise à jour quotidiennement sera « aspiré » par les robots au moins une fois par jour. En revanche, une page du type « Qui sommes-nous ? », généralement assez statique,

sera visitée par exemple chaque mois. Ainsi, le *spider* définit de lui-même la fréquence de ses allers et venues sur les pages d'un site.

Pour être indexée par un moteur de recherche, une page Web doit donc disposer de liens pointant vers elle (liens qui seront suivis par les *spiders*). Pour être visitée souvent par ces robots, elle doit donc être mise à jour le plus souvent possible.

Le fichier Sitemap

Les principaux moteurs de recherche se sont mis d'accord sur un format de fichier, nommé Sitemap (décrit à l'adresse http://www.sitemaps.org/), qui permet de leur fournir un plan du site au format XML. Ce fichier indique également aux robots, pour chaque page d'un site, son URL, sa priorité d'indexation, sa fréquence de mise à jour ainsi que la date de sa dernière modification.

La création d'un fichier Sitemap est une étape importante dans une stratégie de référencement. Tout CMS (outil de gestion de site Web) doit aujourd'hui proposer une « brique » logicielle permettant de créer des fichiers Sitemaps. Cependant, elle n'est pas toujours activée et c'est un point que le *webmaster* doit vérifier dans la configuration de l'outil de création du site ou auprès de l'hébergeur. Si le CMS ne peut pas créer ce type de fichier automatiquement, il sera possible d'utiliser des générateurs de fichiers Sitemaps.

Exemple
On trouve de nombreux générateurs de fichiers Sitemaps en tapant la requête *sitemap generator* sur Google.

L'extraction

Une fois l'index constitué et constamment mis à jour, le processus de fonctionnement d'un moteur de recherche est simple :

– l'internaute saisit dans un formulaire de recherche, fourni par le moteur, les mots-clés qui constituent sa requête ;

– le moteur récupère ces mots et extrait de son index les pages qui, selon lui, correspondent à la demande. Il s'agit ici d'un processus d'extraction des pages Web depuis l'index initial.

Exemple
L'internaute tape, dans le formulaire de la page d'accueil de Google, les mots-clés *moteur de recherche*. Google recherche dans son index toutes les pages qui répondent à cette demande. Il faut noter que le moteur peut trouver, grâce à ses algorithmes, des pages qui ne contiennent pas les mots demandés mais qui, selon lui, sont pertinentes quant à la requête effectuée. Au moment où ces lignes sont écrites, Google trouve 38,8 millions de documents pour la requête *moteur de recherche*, extraction effectuée en 0,31 seconde...

Le classement

Les algorithmes de pertinence

Une fois l'extraction des documents effectuée, le moteur classe les pages selon un algorithme de pertinence répondant à de nombreux critères.

Exemple
Google communique sur la prise en compte de 200 critères dans son algorithme et donne accès aux 1 000 premiers résultats.

Chaque moteur de recherche dispose de son propre algorithme, créant ainsi une différence majeure avec ses concurrents. Mais tous ces logiciels fonctionnent sur la même base :

– des critères *in page* : les mots demandés par l'internaute sont-ils présents dans la page et, si oui, à quel(s) emplacement(s) ?

– des critères *off page* : la page Web a-t-elle bonne réputation ? Quelle est sa popularité ?

L'évolution des algorithmes

Aujourd'hui, un moteur de recherche est tout sauf un système monolithique, et les algorithmes évoluent en permanence.

> *Exemple*
> L'algorithme de Google peut être comparé à un organisme vivant connaissant continuellement des améliorations et des changements. Selon Google, son moteur de recherche s'enrichirait de 300 à 400 modifications chaque année.

Quelles évolutions pour les moteurs de recherche ?

La personnalisation des résultats

De manière générale, la mode est aujourd'hui à la personnalisation des résultats. Ainsi, deux internautes effectuant la même requête sur le même moteur de recherche ne vont pas obtenir nécessairement les mêmes résultats : le moteur personnalise ces derniers en fonction de nombreux critères (géolocalisation, langue du navigateur, historique des requêtes, sites favoris, etc.).

> *Exemple*
> Pour une même requête utilisant le mot-clé *moteur*, un internaute qui se connecte souvent sur les moteurs de recherche se verra proposer des pages sur Google, Yahoo !, Bing... Un internaute qui se connecte souvent sur les sites de mécanique obtiendra plutôt des liens vers les moteurs de voiture.

Les nouveaux modes d'affichage

Les moteurs évoluent sans cesse et certains de ces changements impliquent des modifications structurelles de leurs interfaces et des résultats renvoyés. Depuis plus de dix ans, de nouvelles fonctionnalités sont ainsi venues renforcer les possibilités fournies aux internautes. On peut ainsi citer :

– la recherche universelle, qui mixe dans les résultats renvoyés par le moteur les pages Web, l'actualité, les images, les vidéos, les *posts* de blogs... ;

– les filtres de recherche, qui proposent, grâce à des systèmes de recherche avancée ou à des options (en haut de page, dans la barre grise chez Google), de nombreux filtres pour affiner une recherche par date, par type de fichier, etc. ;

– le *clustering*, qui permet de catégoriser les résultats renvoyés par le moteur en dossiers thématiques créés à la volée ;

> *Exemple*
> La requête *apache* fournira des dossiers sur la tribu indienne, sur l'hélicoptère, et sur le serveur Internet, qui répondent à ce nom. Chaque dossier contiendra les pages ayant trait à la thématique identifiée.

– la géolocalisation, qui permet de définir la position géographique de l'internaute utilisateur du moteur (en analysant notamment son adresse IP) et de lui fournir les résultats les plus proches possible, géographiquement parlant ;

– la cartographie, qui fournit une interface graphique originale et différente de la classique liste de liens proposés par les moteurs majeurs.

La sémantique

La sémantique se met en place et tente de saisir le sens de la requête de l'internaute, d'analyser le sens des contenus du Web et de faire se rencontrer l'offre et la demande. Un pari complexe mais passionnant pour l'avenir !

Priorité aux pages mobiles

Les moteurs de recherche privilégient de plus en plus les pages destinées aux mobiles plutôt que celles destinées aux ordinateurs traditionnels. Travailler la version mobile d'un site n'est donc plus seulement une option mais devient une priorité.

POUR ALLER PLUS LOIN : LA PRÉDOMINANCE DE GOOGLE

Google est devenu en quelques années un moteur incontournable, en situation proche du monopole dans de nombreux pays européens.

Notons que certains pays comme la Russie ou la République tchèque résistent encore à la « déferlante Google », avec des moteurs locaux en première place. Aux États-Unis, Google est *leader*, mais avec des parts de trafic comprises entre 60 et 70 % selon les études, et occupe donc une situation moins hégémonique qu'en Europe. En Asie, en revanche, les chiffres sont beaucoup plus disparates avec, comme *leaders*, des acteurs locaux (Baidu en Chine, NHN en Corée du Sud) ou encore Yahoo! (Taïwan, Hong Kong).

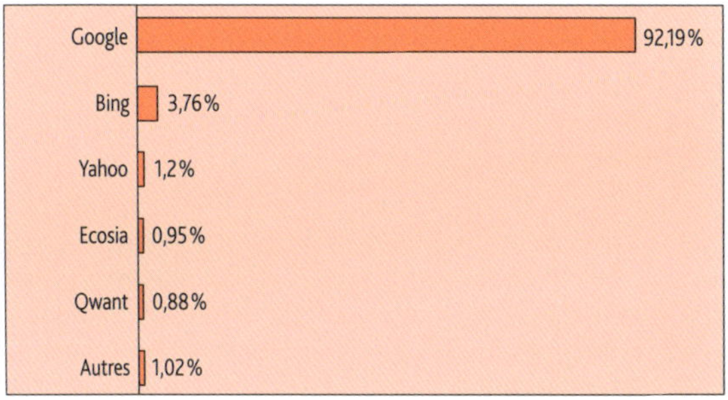

Parts de marché des moteurs de recherche en France en 2021 (d'après StatCounter)

Choisir les bons mots-clés pour le référencement

Une grande partie des internautes accède aux sites Web *via* un moteur de recherche, en tapant des mots-clés. Pour obtenir du trafic, un site doit donc être réactif par rapport aux mots-clés en rapport avec son activité.

Choisir des mots-clés

Choisir des mots-clés populaires

Il est essentiel de bien choisir, dès la conception d'un site, les mots-clés sur lesquels le positionnement est tenté. Un bon mot-clé doit être souvent demandé par les internautes. Il ne sert à rien de tenter un positionnement sur des termes qui ne sont jamais saisis sur les moteurs par la cible visée. Pour cela, l'outil principal est le générateur de mots-clés de Google (https://ads.google.com), qui fournit des statistiques détaillées sur le nombre de saisies des requêtes de ses visiteurs. C'est une bonne façon de créer un lexique de termes importants et populaires.

Exemple
Un site marchand du domaine alimentaire pourra indiquer au générateur de mots-clés de Google les termes : « alimentation », « alimentaire », « agroalimentaire ». L'outil proposera alors d'autres termes (« produits alimentaires », « sécurité alimentaire », « alimentation en gros »...) et, pour chacun d'eux, le nombre de fois où la requête a été saisie sur Google. Si le mot-clé n'est demandé que quelques centaines de fois par mois, il sera considéré comme peu populaire et ne sera pas pris en compte. À partir de quelques milliers d'occurrences, son intérêt grandit fortement. On crée ainsi un lexique de mots-clés qu'il sera possible d'insérer dans le contenu textuel des pages du site.

Éviter les mots-clés trop concurrentiels

Par ailleurs, le positionnement sur un mot-clé doit être possible dans un délai raisonnable. L'aspect concurrentiel est ici important, tout comme le nombre de résultats renvoyé par le moteur. Au-delà de 1 à 2 millions de liens trouvés par le moteur sur une requête donnée, le délai pour obtenir un bon positionnement risque de s'allonger.

Exemple
Le mot-clé « alimentaire » renvoie sur Google plus de 10 millions de résultats. Le terme est très concurrentiel et le combat risque d'être long pour obtenir de bons positionnements sur ce terme, c'est-à-dire être situé en première page de réponse ou, mieux, dans les trois premières positions. En revanche, la requête « industrie alimentaire » renvoie un peu plus de 1 million de pages : le travail de référencement aura sans doute des effets plus rapides sur ce terme moins concurrentiel.

La liste de mots-clés à établir (une cinquantaine de mots environ) doit répondre à ces deux critères essentiels (et parfois contradictoires) :
– ils doivent être souvent saisis par les internautes ;
– ils ne doivent pas générer trop de résultats sur les moteurs.

Placer les mots-clés

Bien placer les mots-clés dans les pages

Chaque moteur de recherche dispose d'un algorithme de classement spécifique pour présenter ses résultats. Néanmoins, la plupart d'entre eux fonctionnent sur le même schéma. Il faut donc s'efforcer de tenir compte de plusieurs règles lors de la création des pages. Il existe des « zones chaudes » qui doivent absolument contenir les mots-clés les plus importants, identifiés lors de l'étape précédente, pour décrire le contenu de la page. (➤ POUR ALLER PLUS LOIN)

Pour bien comprendre le travail de référencement, il faut savoir qu'une page Web est composée de deux « strates » :

– la strate visible : la page que l'internaute voit ;

– la strate invisible : la page de programmation que l'on appelle « page source » et qui génère la page visible.

Une bonne partie du travail de référencement a lieu sur la page source et notamment sur les « balises » qu'elle contient.

● Abandonner les balises méta « *keywords* »

Longtemps, l'optimisation des pages Web pour les moteurs de recherche s'est cantonnée au remplissage des balises méta « *keywords* » (suite de mots-clés fournis aux moteurs mais non affichés dans la page).

> *Exemple*
> <meta name = « keywords » content = « dupond-durand, produits alimentaires, alimentation, agroalimentaire »>

Mais les moteurs actuels ne prennent plus en compte ces zones d'information dans leurs algorithmes de pertinence. La balise méta « *keywords* » peut être abandonnée aujourd'hui dans une stratégie de référencement, car elle est devenue obsolète.

● Créer des balises méta « description » incitant à cliquer

La balise méta « description » est importante car, si elle n'est pas lue en termes de pertinence, elle sert à l'affichage du résumé de la page dans les résultats du moteur. Elle est donc essentielle pour mieux maîtriser la façon dont les moteurs affichent les résumés des pages. Elle contiendra entre 150 et 200 caractères, qui doivent donner envie de cliquer à l'internaute qui lira ce texte dans les SERP (*Search Engine Result Pages*), c'est-à-dire les résultats renvoyés par le moteur de recherche.

> *Exemple*
> <meta name = « description » content = « Site officiel de la société Dupond-Durand, leader mondial de l'agroalimentaire et des produits d'alimentation. Produits frais et congelés, livraison dans le monde entier, garantie assurée. »>

● Mettre en valeur les mots-clés

Les mots-clés importants doivent être mis en exergue.

> *Exemple*
> Gras (balise STRONG), taille (balises H2 à H6), etc.

Les différentes formes des mots doivent être prises en compte.

> *Exemple*
> Féminin/masculin, singulier/pluriel, etc.

La proximité des mots entre eux ainsi que leur ordre sont importants.

> *Exemple*
> Pour les moteurs de recherche, « Paris Dakar » est différent de « Dakar Paris ».

Les pages doivent contenir au moins 200 mots descriptifs.

Optimiser son positionnement : nom de domaine et URL

Le nom de domaine

Le nom de domaine du site peut avoir une certaine importance. Il devra contenir un ou plusieurs mots-clés caractérisant parfaitement le site : marque, activité, etc.

Exemple
Pour un site d'immobilier à Paris, le domaine « immobilier-paris.com », qui contient deux mots-clés primordiaux, sera bien optimisé.

De même, il est primordial de séparer les mots importants par des tirets dans les énoncés des noms de domaine.

Exemple
Préférer « immobilier-paris.com » à « immobilierparis.com ».

Les URL des pages

Si possible, des mots-clés importants et intelligibles devront être insérés dans l'intitulé complet des URL en les séparant par un tiret haut. On pourra ainsi répéter dans l'URL le fil d'Ariane de la page : les différentes rubriques successives, puis des termes décrivant parfaitement le contenu de la page. À noter que les lettres accentuées doivent être remplacées par leur équivalent non accentué.

Exemple
http://www.votresite.com/papeterie/fournitures-scolaires/stylo-a-encre.html

Le *spamdexing* : ce qu'il ne faut pas faire

Les techniques à proscrire

Le référencement s'est toujours apparenté à une lutte entre *webmasters* et moteurs de recherche, les premiers ayant développé diverses techniques pour améliorer le positionnement de leur site.

Exemple
À la fin des années 1990, certains *webmasters* débutants inséraient sur les pages de leur site du texte blanc sur fond blanc, pensant que ce texte invisible pour l'internaute serait pris en compte par les moteurs de recherche.

Ces techniques frustes, considérées par les moteurs comme du *spamdexing* (fraude), se sont professionnalisées au fil du temps pour devenir l'apanage de référenceurs dits « *black hats* », des *webmasters* qui exercent la plupart du temps pour leur propre site Web, en utilisant des systèmes d'optimisation visant à contourner les algorithmes des moteurs.

Exemple
Répétition abusive de mots, contenu et liens cachés dans les pages, délivrance de contenus différents aux robots des moteurs et aux internautes, etc.

De façon générale, il ne faut pas chercher obligatoirement à remplir les pages du site de mots-clés identiques, cela n'aura que peu d'effet sur leur pertinence (technique de *keyword stuffing* d'un autre âge…).

En matière de référencement, il existe deux règles essentielles à respecter pour ne pas être considéré comme un fraudeur :

– celle du bon sens (primordiale) ;

– celle selon laquelle « tout ce que le moteur voit, l'internaute le voit, et *vice-versa* ». Tout contenu caché à des fins de référencement est immédiatement sanctionné par les moteurs de recherche.

Les risques encourus

Ces techniques sont clairement à déconseiller pour éviter toute pénalisation de la part des moteurs de recherche.

Exemple
Déclassement des résultats des pages du site, baisse de *PageRank*, mise en liste noire (blacklistage), etc.

De plus, les principaux moteurs de recherche proposent aux internautes un formulaire de dénonciation. Ainsi, les concurrents d'un site marchand se feront une joie de « décortiquer » les autres sites et d'avertir les moteurs s'ils y trouvent la moindre trace de *spamdexing*.

POUR ALLER PLUS LOIN : LES « ZONES CHAUDES »

L'importance des « zones chaudes »

Les « zones chaudes » listées ci-dessous sont les zones d'un site Web qui doivent absolument contenir les mots-clés les plus importants pour décrire le contenu de la page. Il ne faut pas oublier que chaque page d'un site peut et doit être optimisée. Il ne faut donc pas tout miser sur la seule page d'accueil.

Les titres

La balise <TITLE> (titre de la page) est bien souvent une zone déterminante dans le classement des documents. Elle doit décrire le contenu de la page en 7 à 10 mots et doit impérativement contenir les mots-clés importants.

Exemple
<TITLE> Dupond-Durand : entreprise de produits alimentaires en gros et au détail </TITLE>

Le titre principal de la page (son contenu éditorial) doit être positionné dans une balise H1, spécifique à chaque page.

Exemple
<H1> Produits congelés : légumes verts </H1>

Les 100 premiers mots

Les 100 premiers mots du corps de la page (son contenu éditorial) sont primordiaux. Ces premiers paragraphes doivent contenir les mots importants, si possible en gras (balise <STRONG>) pour définir le contenu de la page.

L'attribut ALT

L'attribut ALT (texte alternatif) des balises image (<IMG>) permet souvent d'ajouter des mots-clés pertinents. Ce contenu est lu par les moteurs de recherche, avec un poids faible mais non négligeable.

Exemple
<IMG SRC = « http://www.votresite.com/images/logo.jpg » ALT = « Entreprise DupondDurand, leader mondial de l'agroalimentaire »>

Optimiser le contenu éditorial pour le référencement

Obtenir un bon référencement de son site nécessite un travail de fond, qui concerne à la fois le contenu technique de la page, mais également le contenu qui est affiché.

L'importance du contenu

La quantité

Quelle que soit l'optimisation technique du site (donc du « code source »), son référencement ne pourra être correct que si l'on offre du contenu réel (visible par l'internaute). Le contenu visible est aujourd'hui l'élément le plus important pour être présent et bien positionné dans les résultats de recherche.

Le volume total de contenu disponible sur le site a donc une importance capitale. Ce contenu sera réparti sur un ensemble de pages. Pour augmenter le volume de contenu, on pourra ajouter, selon le site, un forum, un blog, des avis d'utilisateurs, des guides… (➤ POUR ALLER PLUS LOIN)

Les thématiques

Les moteurs de recherche associent des thématiques aux sites ou à des ensembles de pages d'un site. Travailler l'aspect thématique donne souvent de bons résultats en termes de référencement.

Concrètement, cela signifie que l'on doit essayer de regrouper les pages d'un site selon des catégories thématiques. On reprendra ensuite ces thématiques dans les titres des pages, dans les menus déroulants, etc., ainsi que dans le contenu technique des pages (à travers des balises comme « meta Title » présentes dans le code source).

Le renouvellement du contenu

L'information souvent renouvelée est généralement mieux indexée car considérée comme plus récente et donc plus pertinente par les moteurs de recherche. Bien sûr, il n'est pas question de réécrire sans cesse les pages pour leur donner une nouvelle jeunesse. Il suffit de les enrichir régulièrement, en ajoutant par exemple des avis d'internautes ou des réactions aux articles.

> *Exemple*
> Les avis de consommateurs sont devenus indispensables aux sites de e-commerce. Côté référencement, ils apportent des modifications permanentes aux pages. Pour les internautes, il s'agit de contenu utile. On peut encore optimiser l'utilisation de ces avis en créant des pages automatiques avec les dernières critiques déposées ; on disposera ainsi de pages constamment mises à jour.

Si les pages ne changent pas assez souvent, on peut ajouter une rubrique actualités ou des modules mis à jour par les internautes : blogs, forums…

Le contenu dupliqué

C'est le contenu que l'on retrouve à l'identique sur plusieurs pages. Les moteurs de recherche n'apprécient pas trop, car ils considèrent cela comme une tentative de tromperie susceptible de sanction. Pourtant, un même contenu réorganisé différemment sur plusieurs pages est bien pratique pour l'internaute.

Exemple

Une offre des mêmes produits, avec un tri par prix sur une page, et un tri par meilleures ventes sur une autre page.

Pour éviter que le moteur de recherche assimile cela à un contenu dupliqué, il faut utiliser la balise « rel = canonical » (que l'on ajoutera dans le code source de la page) sur chacune des pages pour indiquer quelle est la page principale pour ce contenu. Le moteur indexera alors les différentes versions de la page et proposera aux internautes celle qu'il juge la plus pertinente par rapport à la recherche.

Le plan du site

Le maillage du site

Un moteur de recherche parcourt tous les liens qu'il trouvera dans les pages d'un site. Il est donc important que chaque page soit accessible *via* un lien. Les pages les plus importantes doivent être directement accessibles à partir de la page d'accueil.

Les internautes n'arrivent pas systématiquement sur la page d'accueil du site. Il faut donc prévoir un retour à la page d'accueil sur chaque page du site.

L'accès rapide depuis la page d'accueil

Chaque page importante d'un site Web doit se trouver à trois clics au maximum de la page d'accueil. Plus le nombre de clics nécessaire pour accéder à une page est important, moins son référencement par les moteurs de recherche sera bon. Il faut donc intégrer cette contrainte dès la conception du site.

POUR ALLER PLUS LOIN : LA DENSITÉ DES MOTS-CLÉS

Beaucoup pensent – et écrivent sur Internet – que la densité des mots-clés (qui sont présents dans le contenu éditorial de la page, visible par l'internaute) a une importance, et qu'il faut donc les répéter. On parle de « densité des mots-clés », c'est-à-dire le rapport entre le nombre de fois où un mot-clé est affiché et le nombre total de mots. On trouve même des « cours » préconisant une densité de l'ordre de 10 %. Ce qui voudrait dire que le même mot revient tous les dix mots.

L'intérêt pour le lecteur reste toutefois à démontrer. La densité de mots-clés sur le référencement a en réalité une influence néfaste. Mieux vaut travailler sur des synonymes, les moteurs ayant considérablement enrichi leur thesaurus (relations synonymiques, hiérarchiques et associatives entre les mots).

Travailler l'ergonomie d'un site

Sur un site de e-commerce, une conception ergonomique des pages augmente le taux d'achat. Elle doit obéir à un double impératif : écrire pour le lecteur comme pour les moteurs de recherche.

Rédiger pour les moteurs de recherche et pour les lecteurs

Optimiser le référencement pour les moteurs de recherche

Google est le premier lecteur de tout site Internet français. Pour optimiser le référencement, les textes doivent être organisés en partant de l'essentiel pour aller vers le détail. Les moteurs de recherche considèrent en effet que plus le texte est haut dans la page, plus il est important.

Si le texte est long, il est bon de prévoir quelques phrases d'introduction pour résumer le contenu, ce que l'on appelle un « chapeau » en langage journalistique. C'est souvent à partir de ce chapeau que le lecteur décide ou non de poursuivre la lecture.

Optimiser le référencement pour les lecteurs

Les textes destinés à être lus sur écran doivent être plus courts et plus concis que les textes imprimés. Il est couramment admis que le volume de texte par page doit être réduit d'au moins 50 % lorsqu'il est destiné à être lu sur écran. Une phrase ne doit pas dépasser douze mots.

Cette concision implique de bien structurer le message et les idées à faire passer. Gardons en tête ce principe : une idée = un paragraphe.

Privilégier le lecteur

Une erreur courante consiste à travailler les textes en pensant uniquement au référencement : cela donne des pages peu lisibles pour l'internaute. Et rien ne sert d'attirer du trafic si le visiteur déserte le site dès qu'il arrive. Privilégier le lecteur, c'est aussi s'assurer d'un bon référencement : plus celui-ci appréciera le site, plus il le fera connaître.

Distinguer les différents types de pages

Les différentes pages d'un site ne se valent pas. Une page qui présente des arguments commerciaux devra être concise ; en revanche, une fiche produit sera très détaillée, l'internaute recherchant ici un maximum d'informations avant de prendre une décision d'achat.

Éliminer les fautes d'orthographe

Le mythe des erreurs d'orthographe volontaires censées améliorer le référencement date des années 2000. Depuis, les moteurs de recherche ont évolué et établissent l'équivalence entre la forme incorrecte d'un mot et sa forme correcte. Inutile donc de perdre en crédibilité et de se donner une image d'amateur, surtout sur un site commercial.

De même, les moteurs intègrent tous aujourd'hui la notion de « lemme ». Un lemme est la forme générique d'un mot regroupant le pluriel et le singulier, le masculin et le féminin et, pour un verbe, les différentes conjugaisons. Il est donc inutile d'essayer de placer à tout prix ces différentes formes dans le texte pour être mieux indexé...

Utiliser l'indice Gunning de lisibilité

L'indice de Gunning est un indicateur pour analyser la lisibilité d'un texte. Cet indicateur est basé sur la longueur des mots et sur le nombre de mots longs dans un texte.

Exemple

La valeur de l'indice de Gunning varie entre 8 et 9 pour la littérature pour adolescents, entre 10 et 11 pour le journal *Libération* ou pour *Télérama*, entre 14 et 15 pour *Le Monde diplomatique*, *L'Express* ou les ouvrages de Proust, entre 16 et 17 pour les rapports parlementaires et 22 ou plus pour les directives parlementaires. L'indice de Gunning pour ce chapitre est de 10. (➤ POUR ALLER PLUS LOIN)

Travailler l'ergonomie des pages

Les blocs

La première règle en terme d'ergonomie des pages est de mettre en évidence les différents blocs, surtout lorsque les pages sont bien fournies. L'internaute doit percevoir une page informative mais claire.

Exemple

Une fiche produit contient divers éléments : caractéristiques principales du produit, prix, spécifications détaillées, avis des consommateurs... Chacun de ces blocs doit être facilement identifiable ; un menu ou des liens doivent permettre d'accéder à chacun d'eux.

Les ancres

Les ancres sont des liens internes à la page. Un mini-menu en tête de page avec ces différents liens permet à l'internaute d'accéder directement à chacun des blocs d'information.

Exemple

De nombreux sites proposent une rubrique FAQ (foire aux questions), qui recense les questions les plus courantes des internautes et proposent des réponses. Si les questions sont nombreuses et que les réponses sont détaillées, l'internaute ne pourra pas avoir une vue globale mais devra dérouler la page pour trouver la question qui l'intéresse. Pour éviter cela, on peut placer en haut de page la liste des questions. La mise en place de liens internes permettra à l'internaute d'accéder directement à la réponse de la question qui l'intéresse.

Quant au référencement, il sera amélioré par l'utilisation de ces liens internes, surtout si le texte des liens est susceptible de fournir des mots-clés aux moteurs de recherche (avis des lecteurs, par exemple).

La charte graphique

La charte graphique du site doit refléter son objectif. L'idée de vouloir faire joli à tout prix n'est pas forcément une bonne idée. Sur un site de e-commerce, la maquette doit être rassurante. Si le site se positionne sur le créneau du *discount*, un peu de « fouillis » volontaire évoquera des prix bas et une multitude de produits disponibles. Sur un site d'informations, on devra au contraire privilégier la clarté.

Exemple

Une maquette trop élégante sur un site mettant en avant des prix bas va à l'encontre du message. Dans ce cas, on peut se permettre des associations de couleurs plus basiques, plus tranchées que pour un site conventionnel.

La ligne de flottaison

La ligne de flottaison est la ligne imaginaire qui marque le bas du texte visible à l'écran sans que l'on ait besoin de faire défiler la page. Cette ligne dépend bien sûr de la résolution de l'écran et il faut tenir compte des résolutions les plus courantes pour concevoir ses pages et placer les éléments importants. Tous les outils de statistiques offrent des informations sur les tailles d'écran utilisées par les visiteurs.

Exemple
En moyenne, la résolution d'écran de 1024 × 768 pixels représente plus de 80 % des consultations sur Internet (hors téléphones mobiles).

L'oculométrie (ou *eye tracking*)

Cette technique permet de suivre la direction du regard et d'analyser quelles sont les zones les plus vues sur un écran. Lorsqu'un internaute lit un texte, la lecture se fait classiquement de gauche à droite. Sur une page Web comportant de nombreux éléments, le regard se porte prioritairement dans un triangle en haut à gauche de l'écran.

Ces résultats sont modifiés selon les éléments qui composent la page : les animations, notamment, attirent davantage le regard.

La page 404

La page d'erreur, que l'on appelle « page 404 », s'affiche lorsque l'internaute a demandé une page inaccessible ou qui n'existe plus. Cette page ne doit pas afficher un simple message d'erreur mais doit proposer au minimum un lien vers l'accueil du site et/ou vers les pages principales.

L'accessibilité

Rendre le Web plus accessible aux personnes handicapées et aux seniors devrait être une préoccupation constante. Des normes techniques existent pour améliorer la lisibilité et l'accès aux pages. Elles sont définies par la *Web Accessibility Initiative* (WAI) du *World Wide Web Consortium* (W3C).

Suivre ces recommandations permet d'ouvrir son site à un plus grand nombre. C'est aussi offrir davantage de confort à ceux qui souffrent de handicap léger : vision réduite, par exemple.

Exemple
Le site accessiweb.org propose une multitude de ressources sur l'accessibilité.

Le plan du site et la recherche

Hormis pour les sites comportant un petit nombre de pages, la mise en place d'un plan de site et d'un moteur de recherche interne améliore l'ergonomie du site et permet au visiteur d'accéder rapidement à une information particulière. Google propose des moteurs de recherche interne que l'on intègre en quelques clics sur son site. C'est une solution efficace et rapide pour indexer l'ensemble des pages de son site et offrir un outil de recherche.

Optimiser la publicité

Lorsque le site est financé, en partie ou en totalité, par la publicité, on peut être tenté de multiplier les annonces publicitaires sur l'écran. Le résultat est que le contenu du site est souvent noyé dans les messages publicitaires et donc dévalorisé. Un excès de publicité a aussi tendance à décourager les internautes et à diminuer le nombre de visites.

Dans tous les cas, il faut éviter les publicités agressives, celles qui masquent une partie du contenu, s'affichent au premier plan ou oblige le visiteur à fermer des fenêtres intempestives pour continuer sa navigation.

Dans la mesure du possible, il faut préciser les dimensions des blocs qui contiendront de la publicité. Laisser les blocs s'adapter au contenu publicitaire peut sembler une bonne idée mais cela entraîne des modifications de l'apparence de la page jusqu'à ce que tous les blocs publicitaires soient remplis. Cela peut être très perturbant pour la lecture.

Utiliser les possibilités du HTML5 dans les formulaires

Le HTML5 offre de nouvelles options pour les champs de formulaires. Ainsi, au lieu de se contenter des zones de saisie de type texte, on peut utiliser de nouveaux types de saisie comme les types e-mail ou téléphone. L'intérêt de ces nouveaux types de saisie est de déclencher l'affichage du clavier adéquat sur les smartphones. Le signe @ est par exemple automatiquement affiché sur le clavier virtuel lorsque la zone de saisie a été déclarée de type e-mail. L'utilisateur gagne en confort et en rapidité de saisie.

Pour aller plus loin : calculer l'indice de Gunning

L'indice de Gunning se calcule selon la formule suivante :

(longueur moyenne des phrases + pourcentage de mots longs) × 0,4

La longueur moyenne des phrases est calculée en divisant le nombre de mots par le nombre de phrases.

Les mots longs sont ceux qui contiennent 9 caractères ou plus.

Optimiser son site pour les supports mobiles

La consultation de sites Web *via* les supports mobiles est en pleine croissance. Il est donc primordial d'optimiser les pages de son site, notamment pour les smartphones, et ce, dès la conception du site.

Optimiser l'ergonomie du site

Une page d'accueil spécifique

Créer une version adaptée aux mobiles suppose tout d'abord de concevoir une page d'accueil spécifique, qui proposera l'essentiel. Cette page peut tout simplement être composée d'un menu sous forme d'icônes graphiques.

Exemple
Un site d'informations ou un blog privilégiera les dernières actualités ou les derniers messages postés.

Une navigation simplifiée

Dans sa version classique, un site offre souvent une multitude de liens, principalement sur la page d'accueil. Dans la version mobile, il faut réduire considérablement le nombre de liens par page et repenser la navigation au sein du site.

Cette réorganisation est d'autant plus nécessaire que l'on ne peut pas afficher sur un écran de petite taille les mêmes informations que sur un écran d'ordinateur classique.

Exemple
Dans la version classique du site, une fiche produit peut présenter sur une seule page un descriptif de l'offre, le détail des caractéristiques techniques et les avis d'utilisateurs. Dans la version mobile, cette présentation sera découpée en trois pages. (➤ POUR ALLER PLUS LOIN)

Des pages concises

Si les pages conçues pour les mobiles doivent être courtes, il ne faut pas pour autant réduire à outrance le volume des informations : mieux vaut réorganiser le contenu. Les pages trop longues seront découpées en blocs. Chaque bloc sera accessible par un lien situé en bas de page.

Exemple
Une fiche produit sera découpée en plusieurs blocs logiques : description du produit, caractéristiques techniques, avis des utilisateurs... La fiche produit affichée sur un mobile pourra ne contenir que l'essentiel : nom du produit, une photo de taille moyenne et un court descriptif. À la suite de cette fiche principale, les liens donnent accès aux autres blocs constituant la fiche complète.

Gérer les noms de domaine

Extension spécifique

Trois méthodes sont utilisées pour gérer les versions mobiles d'un site. Tout d'abord, un nom de domaine spécifique peut être déposé pour la version mobile. Ce peut être l'occasion d'utiliser l'extension « .mobi ». Cette solution est de moins en moins utilisée.

Pointeur (ou alias)

La deuxième méthode consiste à ajouter au même nom de domaine un pointeur mobile, aussi appelé « alias », qui est un « sous-nom de domaine » spécifique.

Exemple
Pour le nom de domaine du site « monsite.com », l'ajout d'un pointeur mobile donnera : « mobile.monsite.com ».

L'internaute qui tape l'adresse est alors dirigé vers le site dédié aux mobiles. L'intérêt pour l'exploitant du site est qu'il n'a à acheter qu'un seul nom de domaine. Il peut ensuite créer autant de « sous-domaines » spécifiques qu'il souhaite, avec l'accord de son hébergeur.

Toutefois, cette technique est de moins en moins utilisée. La majeure partie des sites sont aujourd'hui conçus pour s'adapter automatiquement à la taille de l'écran. C'est ce que l'on appelle le *responsive-design*.

Détection automatique

Dans la troisième méthode, on conserve le même nom de domaine (site principal et site mobile) auquel on ajoute une fonction de détection du navigateur ou du format d'écran avant d'afficher la page. S'il s'agit d'un écran traditionnel, la version standard s'affiche. Si le programme détecte une utilisation sur petit écran, il affiche la version spécifique des pages. Pour l'utilisateur, cette solution est confortable car il accède toujours au site *via* la même URL.

Exemple
C'est la solution retenue par Amazon : lorsqu'on se connecte sur amazon.fr depuis un mobile, l'affichage s'adapte automatiquement.

Pour aller plus loin : TÉLÉPHONES MOBILES ET M-COMMERCE

Le développement de l'activité sur les mobiles a impliqué une réflexion spécifique liée au « m-commerce » (commerce réalisé *via* les mobiles). Un téléphone mobile est en permanence à proximité de l'internaute et peut permettre sa géolocalisation. Un e-commerçant peut donc, selon la localisation de l'internaute, lui proposer et mettre en avant des produits spécifiques à acheter : un climatiseur s'il se trouve dans le Sud en plein été avec des températures chaudes par exemple. On jouera ainsi sur un double effet : l'achat « contextuel » et la limitation du nombre de produits présentés, effet recherché afin de ne pas surcharger l'écran plutôt petit d'un *smartphone*.

Application ou site mobile ?

Un e-commerçant souhaitant développer sa visibilité auprès des mobinautes peut utiliser les applications smartphones et/ou un site Internet *responsive-design*, chaque solution ayant ses avantages et ses inconvénients.

Le e-commerce sur mobile

Les internautes achètent de plus en plus en utilisant leur téléphone mobile, que ce soit un billet de train ou un billet d'avion, des biens culturels ou même des vêtements. Les raisons sont multiples : certains profitent d'un déplacement, d'autres trouvent que l'application ou le site mobile est plus simple d'utilisation que le site Internet classique.

Exemple
Il est possible d'acheter immédiatement sur iTunes une musique entendue dans une publicité.

De nombreux sites de e-commerce imposent même de consommer *via* mobile.

Exemple
Les sites de ventes privées « imposent » aux consommateurs de se connecter à l'heure d'ouverture de la vente privée pour pouvoir acheter des vêtements dans la couleur et la taille souhaitée. La navigation sur mobile devient alors plus adaptée que la navigation desktop pour ce type de sites.

L'accès à Internet avec un smartphone

Les sites Internet non *responsive-design*

Les mobinautes peuvent accéder aux sites Internet classiques avec le navigateur de leur smartphone.

Par ailleurs, la densité des contenus d'un site est généralement trop élevée pour une utilisation mobile. De même, l'ergonomie restreint encore la facilité de navigation sur les sites Internet non *responsive-design*. Il convient donc d'avoir recours aux sites Internet *responsive-design* ou aux applications.

Les sites Internet *responsives-design*

Depuis plusieurs années maintenant, la plupart des sites sont conçus et développés en « *design responsive* ». Ce type de site adapte sa mise en page selon le format d'écran utilisé. Il permet donc de naviguer sur un même site avec un ordinateur, une tablette ou un smartphone. L'ergonomie devant être adaptée à ces différents formats, elle n'est que très rarement optimale sur tous. Il faut accepter des différences de mise en page en fonction des tailles d'écrans.

Les sites Internet mobiles

Afin d'améliorer l'expérience de navigation des utilisateurs de smartphone, les entreprises peuvent exploiter les technologies supportées par les téléphones et s'adaptant à la taille de leur écran et à leur système de navigation tactile. Les sites doivent donc être repensés tant au niveau des contenus que de la navigation. Un site exploitant les technologies mobiles constitue un support de communication qui peut avoir les mêmes fonctionnalités que le site e-commerce principal et en proposer de nouvelles.

Exemple
Un site Internet mobile peut indiquer au mobinaute les points de livraison les plus proches de son emplacement actuel grâce à la fonctionnalité de géolocalisation, présente sur la plupart des smartphones.

Les applications mobiles

Les applications mobiles constituent le dernier moyen d'accès à Internet depuis un téléphone. Pensées exclusivement pour une navigation mobile, ces applications proposent des contenus et une ergonomie adaptés aux téléphones et tablettes. Elles permettent d'utiliser pleinement leurs capacités techniques.

Exemples
Géolocalisation, appareil photo, caméra, téléphonie.

La mise à jour des contenus

Sur un site Internet

Il est aussi aisé de mettre à jour les contenus d'un site *responsive-design* que ceux d'un site non *responsive-design*. Dans les deux cas, le e-commerçant dispose d'une interface de gestion (*back-office*) qui lui permet de gérer ses contenus, son catalogue et ses ventes.

Le *back-office* pourra cependant être doté de fonctionnalités supplémentaires sur un site *responsive-design* ou exploitant les technologies mobiles afin de pouvoir gérer des contenus et fonctionnalités différents selon que l'internaute se trouve sur son ordinateur ou sur son mobile.

Exemple
Certaines images ne sont pas adaptées à une consultation mobile il faudra alors soit penser mobile-first soit avoir deux images différentes selon le terminal utilisé.

Pour des modifications plus poussées telles que des modifications d'ordre graphique sur le gabarit des pages, il faudra entrer des pages dans le code HTML et CSS, tout comme pour un site Internet classique.

Sur une application mobile

La mise à jour des données est plus complexe sur une application mobile que sur un site mobile. Les mises à jour (prix des produits par exemple) doivent être « poussées » régulièrement d'une base de donnée vers l'application, et inversement pour les ventes.

Par ailleurs, lors d'une mise à jour structurelle de l'application, que ce soit d'un point de vue graphique ou ergonomique, celle-ci doit être re-soumise sur le *store* (plate-forme de téléchargement des applications) et re-téléchargée par les utilisateurs.

Les délais de validation d'une application varient d'un *store* à l'autre et peuvent aller de quelques jours à plusieurs semaines. Cette variation peut créer des différences de version entre chacun des *stores*.

L'ergonomie et la navigation

Sur un site *responsive*

L'ergonomie et la navigation d'un site *responsive* sont rarement parfaitement adaptées à la navigation mobile. En effet, le site *responsive* doit être consultable à la fois par un ordinateur, une tablette ou un smartphone. Le code du site étant identique quel que soit le support utilisé, des compromis doivent être faits pour obtenir des solutions utilisables à la fois en mobile et sur un ordinateur. Dans le cas où le site *responsive* serait parfaitement adapté à une utilisation mobile (approche *mobile first*), ce serait au détriment de la version dite *desktop* (pour une consultation sur ordinateur), et inversement.

Cependant, il est indispensable que l'ergonomie et la navigation d'un site mobile soient pensées pour l'utilisation sur téléphone.

> *Exemple*
> Les boutons doivent être suffisamment gros pour être cliqués avec les doigts.

Contrairement à une application, un site mobile doit être accessible sur l'ensemble des smartphones. Les technologies employées doivent donc être compatibles avec l'ensemble des systèmes d'exploitation du marché. L'ergonomie du site doit s'adapter à toutes les tailles d'écran disponibles et s'intégrer si possible dans l'univers graphique du système d'exploitation utilisé.

> *Exemple*
> Il est possible d'afficher des boutons de navigation différents graphiquement selon que le mobinaute utilise un système Androïd (Google) ou un système iOS (Apple).

Il est également possible de reproduire une ergonomie et une expérience utilisateur similaires à celles d'une application.

> *Exemple*
> Le *framework* JQuery mobile permet de reproduire sur un site mobile l'interface d'une application.

Sur une application mobile

Du point de vue de la navigation, l'application mobile dispose d'un léger avantage par rapport au site Internet : bien que ce dernier puisse reproduire les effets graphiques et de transition d'une application, il doit en effet charger l'ensemble des contenus depuis Internet ; sur une application, une partie des contenus n'a pas à être chargée puisqu'elle est directement intégrée dans l'application. La navigation est donc généralement plus fluide que sur un site mobile.

Les fonctionnalités

Sur un site Internet

Le site Internet permet d'utiliser facilement une partie des fonctionnalités disponibles sur un smartphone comme la géolocalisation ou les appels. En revanche, les fonctionnalités plus poussées telles que la réalité augmentée, l'utilisation de la caméra ou encore l'accès au répertoire téléphonique sont plus difficiles techniquement, voire impossibles.

Sur une application mobile

Les applications mobiles sont développées dans des langages propriétaires et sont construites grâce aux SDK, kits de développement proposés par chacun des systèmes d'exploitation du marché. Ils permettent aux développeurs d'applications d'accéder assez facilement aux fonctionnalités prévues sur le téléphone.

Le coût

Pour un site *responsive-design*

Un site conçu pour une utilisation *responsive* demande plus de développement qu'un site non *responsive-design* car il faut prévoir l'utilisation de nombreux formats d'écrans. Cette déclinaison demande plus de temps lors de la phase de codage et lors de la phase de recette du site (phase durant laquelle prestataire et client effectuent une série de tests afin de s'assurer que le site correspond bien à la demande et ne contient pas de bogues). Ce temps passé est logiquement répercuté sur le prix de la prestation. Il faut compter un surcoût de l'ordre de 15 à 30 % du budget selon les spécificités du projet.

Pour une application mobile

Un des principaux inconvénients de l'application mobile est son coût. Le langage étant spécifique, les prestataires sont plus rares et les prestations plus chères. Par ailleurs, il est nécessaire de développer une version spécifique de l'application pour chacun des *stores*, car ils utilisent des langages de programmation différents.

Exemple
Pour être potentiellement téléchargeable par la majorité des mobinautes français, une application devra être disponible au minimum sur l'App Store et le Google Play Store, et donc développée en deux versions. Selon la complexité et le prestataire (*free-lance* ou agence), il faudra compter de quelques milliers d'euros à quelques dizaines de milliers d'euros pour les deux versions.

Comment choisir ?

La clientèle d'un e-commerçant n'est pas nécessairement constituée que d'acheteurs sur mobile. S'il est nécessaire de s'interroger sur la nécessité d'une application mobile, il est préférable de développer prioritairement un site Internet *responsive-design* qui sera disponible quelle que soit la marque du smartphone utilisé. L'application peut bien évidemment être un support complémentaire au site dans le cas où elle tire parti des technologies des smartphones et a donc une valeur ajoutée par rapport au site.

Afin de tester son audience, il est plus sage de préférer pour la première mise en ligne de votre commerce en ligne un site *responsive-design* qui constitue la solution la moins onéreuse. Après quelques mois, si une importante audience utilise des supports mobiles pour se connecter au site, il sera alors intéressant de mettre en place une application parfaitement adaptée à cet usage. Du point de vue du référencement naturel, l'algorithme de Google pénalise les sites non compatibles avec les mobiles et présentant un contenu de moins bonne qualité sur mobile que sur desktop. Le site *responsive-design* est donc indispensable pour exister sur les moteurs de recherche.

Les partenaires techniques

Les fournisseurs d'accès à Internet (FAI) et les hébergeurs sont des partenaires indispensables à tout porteur de projet e-commerce sur le plan technique. Quel est leur rôle, leur fonctionnement et leur coût ?

Les FAI

Qu'est-ce qu'un FAI ?

Le fournisseur d'accès à Internet (FAI, ou en anglais *ISP* pour *Internet Service Provider*) est un prestataire incontournable pour pouvoir accéder au réseau Internet puisqu'ils louent à leurs clients la bande passante de leur connexion à Internet et, parfois, l'accès à leur réseau physique.

La fiabilité du service

Pour certaines entreprises, la connexion Internet doit être disponible 99,9 % du temps (une disponibilité à 100 % étant statistiquement presque impossible à atteindre). Les entreprises peuvent alors choisir de souscrire deux abonnements Internet chez deux fournisseurs différents : ainsi, en cas de défaut technique de l'offre principale, la seconde prend le relais.

Les hébergeurs

Qu'est-ce qu'un hébergeur ?

Pour qu'un site soit accessible sur Internet, ses fichiers doivent être disponibles sur un serveur Web connecté à Internet. On dit qu'il est « hébergé » sur un serveur. Plusieurs entreprises d'hébergement proposent ce service. Les prix et les options varient d'une société à l'autre.

Exemple
En France, les principaux hébergeurs sont OVH, Amen ou 1 & 1, pour ceux qui proposent des prix très compétitifs (à partir de 30 € TTC par an).

Les aspects techniques de l'hébergement

Depuis quelques années, les sites Internet disposent généralement d'une interface de gestion des contenus qui impose le plus souvent l'utilisation d'une base de données dont la technologie la plus courante est MySQL. De ce fait, pour faire fonctionner le site Web, le commerçant doit s'assurer que son hébergeur met à sa disposition un espace de stockage pour les fichiers sources du site, ainsi qu'une base de données dans laquelle seront enregistrés les différents contenus du site Web.

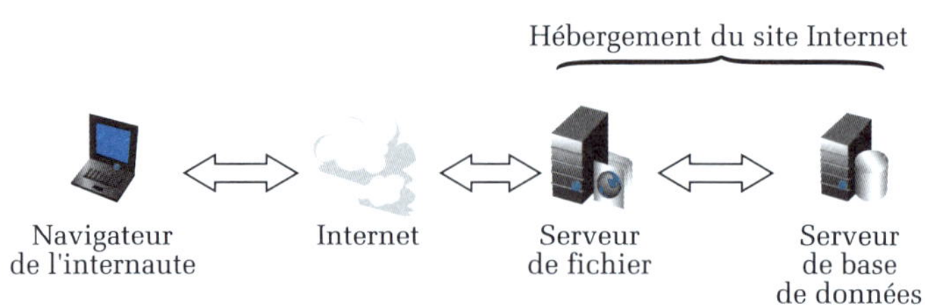

Les services annexes

Plusieurs services annexes sont proposés comme la sauvegarde régulière des fichiers du site et des bases de données. Cette sauvegarde, qui se fait automatiquement, peut être demandée à l'hébergeur en cas de perte de données.

Exemple

Une erreur de saisie sur le site au niveau des fichiers ou de la base peut faire perdre des données (base clients, historique des commandes...) ou, pire, peut « planter » le site. Dans ce cas, une sauvegarde de la base et des fichiers du site sera utile pour opérer une remise en ligne du site au plus vite.

L'hébergeur peut aussi proposer en option un espace disque plus important, afin de stocker de plus grandes quantités de fichiers ou des fichiers plus volumineux. Le trafic autorisé pour le site est également une variable importante à prendre en compte pour l'hébergement et qui peut être proposé en option en plus grande quantité.

Exemple

Un site e-commerce classique nécessitera de charger entre 2 et 7 mégaoctets de contenu (structure des pages, textes, images...). Si le trafic autorisé sur l'hébergement est de 500 Go par mois, il est possible d'accueillir jusqu'à 250 000 visites. Un site qui propose de la vidéo ou de la musique en téléchargement ou en *streaming* sur son propre serveur pourra voir son trafic exploser.

L'hébergement mutualisé

Les hébergeurs proposent des solutions d'hébergement mutualisées ou dédiées. Avec une offre mutualisée, le serveur Web mis à disposition est partagé entre plusieurs clients. Ses ressources matérielles (puissance du processeur, mémoire vive, espace de stockage) sont alors partagées. Les avantages de cette solution sont un coût nettement inférieur à celui d'un serveur dédié, et une administration effectuée par l'hébergeur et non par le client. En revanche, les ressources du serveur sont limitées et l'installation d'extensions nécessaires au fonctionnement de certains sites Web est impossible.

L'hébergement dédié

Dans ce cas, le serveur Web est totalement réservé au client : seuls les sites de son entreprise y sont hébergés. Ce serveur peut être physiquement chez un hébergeur ou directement disponible au sein de la société cliente. L'avantage de cette solution est une autonomie totale au niveau de la gestion du serveur et des performances, généralement meilleures qu'avec un serveur mutualisé.

En revanche, il est nécessaire de posséder des compétences d'administration de serveur et de consacrer du temps à son entretien régulier, puisque l'ensemble des interventions techniques, de configuration et de sécurité sont à la charge du client. (➤ Pour aller plus loin)

Pour aller plus loin : les ESN

Les ESN (entreprises de services du numérique) sont des entreprises du secteur tertiaire spécialisées dans le conseil, l'intégration de systèmes et l'infogérance.

Elles facturent leurs services à des entreprises de toute taille ayant des besoins ponctuels ou réguliers sur des problématiques précises. Le prix est entendu au forfait ou à la journée.

Exemple

Capgemini est une ESN française experte dans le conseil et la réalisation de Systèmes digitaux.

Il est possible de confier à une ESN le développement de solutions complexes qui dépasseraient la compétence d'une agence Web ou d'une agence de communication traditionnelle.

Partenaires bancaires et solutions de paiement

Il importe de choisir avec attention ses partenaires bancaires et de mettre en place des solutions de paiement. Ces choix conditionnent la qualité du service, la confiance de la clientèle et donc le succès du site ou de l'application.

Le coût du prestataire bancaire

Le compte bancaire du cybermarchand

Le partenaire bancaire tient un rôle essentiel dans toute entreprise, surtout si cette dernière vend à distance. Lors de la création d'une activité e-commerce, il est impératif que la banque soit informée du caractère spécifique de cette activité, car il y a des implications très particulières sur le fonctionnement du compte bancaire et plus précisément sur l'éventuelle nécessité de la signature d'un contrat « vente à distance » entre la banque et l'entreprise.

Les conditions bancaires faites aux professionnels

L'entreprise digitale est un marchand comme les autres. À ce titre, les conditions de base qui lui seront octroyées par la banque ne diffèrent pas de celles offertes à toute entreprise.

En revanche, les conditions proposées par la banque pour un fonctionnement de compte professionnel sont beaucoup plus onéreuses que pour un particulier. Le commerçant devra donc négocier ces conditions avec sa banque. À défaut, il sera assujetti aux conditions générales.

Les commissions classiques

La banque perçoit différentes commissions sur le fonctionnement d'un compte d'entreprise.

Exemples

– Des frais de tenue de compte forfaitaires (mensuels ou trimestriels).

– Une commission de mouvement : à chaque fois que l'entreprise réalise un mouvement débiteur, autrement dit qu'elle retire de l'argent du compte, une commission est prélevée (il faut compter entre 0,25 et 1 pour 1 000 du montant de chaque mouvement).

– Une commission sur le plus fort découvert : la banque, en plus des agios débiteurs sur le découvert, perçoit une commission supplémentaire sur le plus fort découvert du mois constaté sur une journée.

On peut ajouter à cette liste la négociation des « dates de valeur », surtout si l'entreprise reçoit des chèques de ses clients. Ces dates ont été inventées par les banques pour tenir compte des délais d'encaissement ou de décaissement des chèques. Aujourd'hui, avec l'informatisation totale des procédures et notamment des remises de chèques, elles ne sont plus justifiées. Il faut donc négocier afin d'obtenir des dates de valeur les plus proches des dates effectives de remise des chèques, à savoir le jour J.

L'entrepreneur doit négocier le montant de toutes ces commissions lors de l'ouverture du compte de l'entreprise.

Les commissions sur carte bancaire

Différentes commissions sont prélevées par les banques sur les paiements réalisés par carte bancaire. Il convient donc, là aussi, de négocier le montant des commissions prélevées. Elles se décomposent en deux grandes familles :

– les commissions variables sur chaque paiement par carte bancaire (de l'ordre de 0,30 % par transaction) ;

– les commissions fixes, par exemple 1 € minimum par paiement.

Il convient d'être très vigilant sur ce point, afin de négocier au mieux le mode de commission bancaire.

> *Exemple*
> Un paiement de 10 € est réalisé par carte bancaire, avec 1 % de commission variable et un minimum de 1 €. Dans ce cas, la commission variable (10 centimes) étant inférieure à la commission fixe (1 €), la banque prélèvera la commission fixe, ce qui, dans cet exemple, revient à une commission de 10 % sur le paiement du client.

La négociation des commissions

L'ensemble des commissions doit être négocié avec la banque, quitte à mettre cette dernière en concurrence.

> *Exemple*
> L'entreprise peut faire valoir le montant du panier moyen par client (plus il est élevé, plus la commission bancaire pourra être négociée à la baisse), le nombre escompté de paiements par jour ou par mois en « vitesse de croisière » du site, etc.

Le contrat « vente à distance » (VAD)

Le rôle du contrat VAD

Tout e-commerçant souhaitant intégrer une solution de paiement direct par carte bancaire doit obtenir l'accord préalable de sa banque lui permettant de mettre en place un « terminal de paiement virtuel ». Il pourra domicilier les paiements sur son compte bancaire uniquement s'il a signé un contrat « vente à distance » (VAD). Certaines banques peuvent refuser ce contrat si elles ont un doute sur la légalité de l'activité exercée par le commerçant, s'il a des antécédents personnels (interdiction bancaire par exemple)…

Le contenu du contrat VAD

Le contrat VAD doit impérativement être négocié avec la banque avant l'ouverture du compte. Il faut indiquer dans ce contrat les solutions techniques que l'e-commerçant souhaite utiliser (paiement par carte bancaire ou autre) ainsi que le montant des commissions sur carte bancaire.

Les solutions de paiement sans contrat VAD

Le seul moyen d'échapper au contrat VAD est d'opter pour une solution de type PayPal, Hipay ou Hipay Mobile (anciennement AlloPass), qui sont assez bien adaptées au fonctionnement des sites Web ou des applications dont les produits ou services sont de très faible valeur unitaire et nécessitent des micropaiements. L'inconvénient est le montant important de la commission prélevée par l'organisme sur chaque transaction. (➤ POUR ALLER PLUS LOIN)

Les solutions techniques de paiement par carte bancaire

La mise en place d'une solution externe

La mise en place d'une solution technique de paiement est complexe : cryptage, sécurité, gestion des services offerts aux clients… Cela a conduit certains établissements bancaires ou certaines entreprises spécialisées indépendantes à proposer aux e-commerçants une interface de gestion des paiements par carte bancaire : c'est un terminal de paiement virtuel, équivalent au terminal de paiement électronique utilisé par les commerces physiques.

Ces solutions techniques, qu'elles soient bancaires ou indépendantes, sont louées au cybermarchand et présentent un certain nombre de caractéristiques communes : cryptage des transactions, gestion et suivi des encaissements *via* un *back office* bancaire, possibilité d'offrir au client un paiement en plusieurs fois ou un paiement à la date d'expédition de la marchandise…

Le fonctionnement des interfaces pour le Web

Ces interfaces sont indépendantes du site Web : lorsque le client initialise le paiement après avoir rempli son panier, il est « basculé » vers le site chargé du paiement auquel sont transmises les caractéristiques de l'achat et du client (montant, adresse e-mail…). Le site crypté procède à un certain nombre de vérifications (validité de la carte, authenticité du porteur, non-opposition…), puis accepte le paiement et renvoie cette information au site commerçant, qui pourra ainsi valider la vente. Il enverra aussi en parallèle un ticket par e-mail au client (équivalent de la facturette carte bancaire).

L'implémentation de ces solutions (liens avec les sites et avec le serveur de la banque) peut être assez complexe, mais c'est une étape indispensable dans la mise en ligne d'une boutique.

Le fonctionnement des interfaces pour les applications mobiles

Une bibliothèque de paiement In-App est un logiciel qui s'intègre à l'application mobile native. Elle permet aux clients d'exécuter le paiement d'un achat en ligne au sein même de l'application mobile sans avoir à être redirigés vers le navigateur du mobile.

Les solutions bancaires

En complément de la signature d'un contrat VAD, les banques proposent souvent à leur client cybermarchand leur propre solution technique de paiement.

Exemple
Sherlock's, proposé par LCL (https://www.lcl.fr/professionnel/solutions-encaissement-magasin-distance/sherlocks).

Ces solutions présentent un inconvénient majeur : elles sont liées à la banque. Si le cybermarchand souhaite changer de partenaire bancaire, il devra aussi changer de solution de paiement. Cela explique le succès des solutions indépendantes.

Les solutions indépendantes

Sur le plan technique, ces solutions fonctionnement exactement comme les solutions bancaires, à ceci près qu'elles sont indépendantes des organismes bancaires, ce qui offre au commerçant une indépendance très intéressante. Ces solutions peuvent être selon les cas adaptées aux sites Web ou aux applications mobiles *via* les paiements In-App.

Exemples
Parmi les principales solutions indépendantes, on peut citer Verifone (http://www.verifone.fr/) ou Ingenico/Worldline (https://fr.worldline.com/fr/home/solutions/paiements-en-ligne-wl.html).

Ces solutions se sont développées pour offrir aux commerçants divers services liés à la saisie sécurisée des données des cartes bancaires, à la sécurité, à la gestion des paiements (étalés en plusieurs fois, remboursements…). Ces services ont évolué et se sont étendus, y compris vers les micropaiements, en intégrant de nouvelles fonctionnalités.

Pour la plupart, la tarification est établie (comme pour les solutions bancaires) sur la base d'un forfait mensuel et/ou d'un prix pour chaque transaction effectuée sur le site.

La plupart des solutions indépendantes sont compatibles avec les solutions Web ou mobiles utilisées par les commerçants.

Les autres solutions de paiement

Les autres solutions sont des offres de paiement qui ne nécessitent pas forcément la souscription d'un contrat VAD. Elles peuvent fonctionner seules ou en complément des offres de paiement par carte proposées par certaines banques ou par certains indépendants.

Elles intègrent une offre large de services pour les commerçants qui souhaitent proposer à leurs clients des possibilités de règlement supplémentaires. Certaines sont particulièrement bien adaptées aux micropaiements (paiements inférieurs à 3 € par exemple) ou aux transactions en *C to C* (*consumers to consumers* : entre particuliers), comme c'est le cas sur eBay par exemple. Un système de règlement par e-mail est même possible.

Exemple

Certaines offres (comme Hipay) peuvent compléter des offres de type PayPal ou des offres de règlement classique par carte bancaire, ou bien être utilisées conjointement. Elles ne nécessitent pas de contrat VAD, mais seulement l'ouverture (généralement gratuite) d'un compte.

POUR ALLER PLUS LOIN : L'OFFRE PAYPAL

Solution largement utilisée sur le Web, PayPal ne nécessite pas de contrat VAD avec une banque. Cette solution concerne aussi bien les relations commerçants-clients que particuliers-particuliers. PayPal a d'ailleurs été filiale d'eBay jusqu'en 2015. L'ouverture d'un compte est gratuite pour le commerçant et permet de vendre en ligne sans frais d'installation.

Plusieurs solutions sont offertes et la tarification est établie en fonction du chiffre d'affaires mensuel réalisé, en France ou dans l'Union européenne (https://www.paypal.com/fr/webapps/mpp/merchant-fees).

La e-logistique : les stocks

L'aspect logistique est fondamental dans un projet de e-commerce. Vendre n'est pas suffisant : encore faut-il pouvoir disposer du produit et livrer le client rapidement. La gestion des stocks revêt donc une importance capitale.

Les solutions pour la gestion des stocks

La sous-traitance

Certains sites marchands ont été tentés de sous-traiter à des fournisseurs la question de la logistique. Le *drop shipping* (qui consiste à faire expédier le produit au client directement par le fournisseur) présente des avantages pour l'e-commerçant : il n'a pas de stock à gérer, les coûts sont réduits et il n'y a pas d'invendus.

Cependant, cette solution comporte des inconvénients : le *drop shipping* implique d'avoir une vision claire des produits disponibles chez chaque fournisseur et donc un interfaçage des systèmes d'information, qui permet un suivi fin des stocks afin d'éviter les ruptures.

Logistique directe ou indirecte ?

Une entreprise disposant déjà d'un réseau de revendeurs risque de se retrouver confrontée à un dilemme lors de la mise en place d'un site marchand. Trois options sont possibles.

La première option consiste pour l'entreprise à vendre directement (logistique directe) à partir de son site Web ou d'une application, et d'une plateforme physique créée spécifiquement et distribuant les produits. Dans ce cas, le risque de cette stratégie de distribution est de se heurter frontalement, s'il existe, à son propre réseau de distributeurs. Néanmoins, l'existence d'une plateforme dédiée à l'activité e-commerce permet d'optimiser la collecte et la distribution des produits.

Exemple
C'est le choix de Carrefour avec son supermarché en ligne https://carrefour.fr/ ou, plus récemment, du site labellevie.com spécialisé dans l'alimentaire frais.

La seconde option consiste à vendre à partir d'un site Web et de re-router la commande au magasin le plus proche du client (logistique indirecte), ou chez le ou les fournisseurs(s) qui peuvent, dans certains cas, prendre en charge directement la livraison.

Exemple
Les magasins alimentaires Tesco en Grande-Bretagne ou d'Auchan (https://www.auchan.fr/courses).

Cette solution peut sembler séduisante (pas de plateforme dédiée…), mais présente des inconvénients. En effet, les magasins ne sont pas équipés pour une collecte optimisée des produits, leur emballage et leur livraison. De plus, dans le cas d'une prise en charge directe de la commande par plusieurs fournisseurs, l'agrégation des produits, avant de les livrer, devient problématique.

Le choix entre ces deux solutions dépend de nombreux critères. L'un d'eux est le « maillage » du territoire par les magasins.

Exemple
Intermarché a opté pour une solution indirecte, du fait d'une implantation nationale. Les commandes sont confiées à un réseau dense de magasins, à même de les assumer.

Houra (groupe Cora) a opté en revanche pour une solution directe en raison d'une implantation nationale moindre, tout en ayant ces dernières années développé aussi des systèmes de « Drive ». La distribution est assurée par une plateforme et est essentiellement tournée vers les zones urbaines.

La troisième option est une sorte de solution mixte, en croissance depuis quelques années, et qui semble devenir le système dominant. Elle consiste à développer, à côté de magasins traditionnels, un *drive*. Les clients passent leur commande directement sur le site ou l'application et vont chercher leurs produits *au drive* où ils sont prêts et emballés. Cela permet au distributeur d'évacuer les questions de logistique/livraison et des horaires.

Exemples
Auchandrive.fr, Leclercdrive.fr, etc.

La distribution directement en ligne

Enfin, le e-commerce, contrairement à la vente par correspondance (VPC) traditionnelle, présente une particularité en matière de logistique : celle de pouvoir, dans certains cas, distribuer des produits directement par le canal de communication utilisé avec le client. C'est le cas des produits que l'on peut télécharger : logiciel, film, musique…

Cette particularité mérite d'être soulignée puisqu'elle permet de réduire considérablement les frais logistiques et de livrer le client « dans l'instant ». Elle permet aussi d'éviter le stockage de produits physiques. Le piratage constitue toutefois une menace liée à ce type de distribution.

La gestion des stocks

La disponibilité

Une bonne gestion des stocks doit permettre d'éviter les « manquants », qui sont un véritable problème pour l'activité.

Exemple
Si un client commande plusieurs produits dont certains sont en rupture de stock, le site sera amené à réaliser, à ses frais, deux expéditions distinctes : une avec les produits disponibles, la suivante avec les produits qui étaient manquants. Cela entraîne une augmentation des coûts de transport.

Pour remédier à cette difficulté, certains sites de e-commerce sont conçus afin de permettre une gestion des stocks « en temps réel » *via* le *back office*. Au moment de la commande, on indique au client la disponibilité du produit, et le cas échéant, on précise le délai de livraison envisagé. Si le client valide sa commande, le produit est soustrait du stock (s'il est disponible) ou « passé en commande au fournisseur » (s'il est manquant), après validation par le responsable des achats.

En parallèle, un « module d'analyse des stocks et des ventes » peut être mis en place. Il permet d'éviter les ruptures en intégrant divers éléments de calcul.

Exemple
Le module d'analyse des ventes intègre la vitesse de rotation des produits, la saisonnalité...

En fonction du niveau des ventes et du stock disponible, il peut ainsi relancer une commande auprès des fournisseurs (après validation par le responsable des achats) afin d'éviter un épuisement trop rapide du stock.

L'assortiment

Le type de produits vendus *via* une plateforme digitale peut différer de ceux vendus dans le commerce traditionnel. Il faudra donc, dans certains cas, augmenter le nombre de références totales afin de proposer des produits que les clients hésitent parfois à acheter en magasin.

La e-logistique : le transport

L'aspect logistique est fondamental dans un projet e-commerce. C'est pour ne pas l'avoir correctement abordé que nombre de *start-up* ont disparu au début des années 2000. Quelle logistique transport choisir ?

Les solutions pour le transport

Le *drop shipping* et l'e-logistique

Le *drop shipping* consiste, pour un site marchand, à faire assurer la question logistique à ses fournisseurs. La commande passée par le client sur le site est remontée au fournisseur, qui se charge de l'expédition. Cette solution présente des avantages en déchargeant le cybermarchand des expéditions, mais elle comporte également des inconvénients : si un client commande plusieurs produits provenant de fournisseurs différents, il recevra plusieurs livraisons, ce qui représente un coût important.

D'autres sites ont fait un choix très proche du *drop shipping*, mais plus simple. Il s'agit de confier l'ensemble de la logistique (commande, stockage, expédition) à un prestataire de e-logistisque. Les commerçants ayant opté pour ce choix doivent cependant supporter les coûts de stockage et les risques liés (invendus, vols…).

Logistique transport : interne ou externe ?

Le choix entre le recours à un transporteur externe ou l'internalisation de la logistique transport dépend du type d'activité : pour les produits peu volumineux, on peut opter pour une solution externe ; pour les produits volumineux, l'entreprise préférera souvent livrer elle-même ses clients.

Le choix dépend aussi du produit vendu, de la géographie de la distribution… On peut ajouter des éléments liés à l'image de l'entreprise ou du distributeur (par exemple l'image de qualité d'un transporteur…).

Il convient d'être attentif à l'expérience et à la réactivité du transporteur, en fonction des zones géographiques sur lesquels les produits sont distribués.

Exemple

FedEx est particulièrement indiqué pour desservir les États-Unis, où il dispose d'un *hub* important à Memphis et où sa connaissance des procédures de dédouanement peut représenter un atout.

Les critères de choix du transporteur

La qualité du transporteur

À chaque type d'activité correspond une solution logistique adaptée. De nombreux critères qualitatifs permettent de distinguer les transporteurs.

Exemple

Livraison garantie, avec ou sans signature (ce qui peut avoir des conséquences sur la preuve de livraison apportée en cas de litige entre le commerçant et le client), possibilité de changer l'adresse de destination au dernier moment (si le client souhaite se faire livrer sur son lieu de travail par exemple), etc. Les éléments liés au dédouanement éventuel des envois par le transporteur doivent être pris en considération.

Les coûts « logistique transport » spécifiques

La plupart des sites de e-commerce utilisent des solutions disponibles sur le marché pour transporter leurs produits : La Poste, transporteur express, etc.

Il est important de comprendre les différents coûts que doivent assumer ces transporteurs et qu'ils répercutent naturellement sur le commerçant, et tout particulièrement deux coûts spécifiques : le « coût du premier kilogramme » et le « coût du dernier kilomètre » :

– le « coût du premier kilogramme » est le coût qui absorbe (avec celui du « dernier kilomètre ») tous les frais fixes du transport : coût de collecte, coûts administratifs, salaire du chauffeur... ;

– le « coût du dernier kilomètre » est le coût que supporte le transporteur pour livrer le client : temps passé à se garer, à monter l'escalier, etc. Comme pour le premier kilogramme, le dernier kilomètre coûte quasiment le même prix, quelle que soit la quantité transportée, ce qui revient à dire que plus celle-ci est faible, plus son coût relatif est important. Cette spécificité de la logistique liée à l'e-commerce influe sur les choix des commerçants en matière de transport.

Le prix du transporteur

Le coût de la logistique transport peut être très important et doit évidemment être négocié avec le transporteur. Un autre élément de calcul de coût de la logistique transport express doit être pris en considération. Ce dernier ne se fait pas obligatoirement en fonction du poids mais peut aussi se faire en fonction du poids volumétrique. Le transporteur applique la formule suivante :

$$\text{Longueur} \times \text{Largeur} \times \text{Hauteur (du colis en cm)} / 5\,000.$$

Si ce poids volumétrique est supérieur au poids réel, c'est ce paramètre qui sera pris en compte pour le calcul du prix. Le calcul du prix du transport dépend également de la destination (et de son éloignement) et de la manière dont elle est desservie par le transporteur. Généralement, les destinations sont classées par zones.

Reste à savoir si le e-commerçant peut répercuter ses coûts de transport (qui peuvent représenter jusqu'à 30 % de la valeur totale de l'expédition) au client. Cela peut être un argument commercial pour convaincre le client d'augmenter le nombre d'articles de son panier.

Exemple

Si le panier moyen constaté sur le site est de 90 €, le commerçant peut proposer la gratuité du transport au-dessus de 110 €. Si la marge brute constatée est de 50 % et le coût du transport de 10 €, ce dernier sera absorbé par le différentiel de chiffre d'affaires.

L'échange de données entre le site et le transporteur

L'efficacité du site Web et de sa logistique dépend de la facilité avec laquelle les informations d'expédition sont transmises au transporteur. Ces informations concernent les données du client et celles éventuellement destinées à la douane et aux autorités sanitaires (dans le cadre d'envoi de biens alimentaires, par exemple).

Si le *back office* du site ou de l'application est à même d'être interfacé avec celui du transporteur, les informations peuvent circuler : coordonnées du client envoyées par le site commerçant, numéro de *tracking*, code-barres et documents d'expédition envoyés par le site du transporteur. Sinon, l'e-commercant devra ressaisir les données d'expédition dans le *back office* du transporteur, ce qui devient onéreux en cas d'expéditions multiples.

En tout état de cause, le client doit recevoir une confirmation d'expédition, puis un numéro de suivi (*tracking*), ce qui permettra d'éviter les appels inutiles de clients inquiets.

Être référencé dans les comparateurs de prix

L'audience des comparateurs de prix est colossale. Les sites de vente en ligne ont donc généralement tout intérêt à être présents sur ces comparateurs.

Un point d'entrée pour les consommateurs

La puissance des comparateurs

On estime que plus de 2 acheteurs sur 3 utilisent un comparateur de prix avant d'acheter un produit. Il est donc difficile de s'en passer pour les sites de commerce électronique. Et selon certaines études, plus de 90 % des acheteurs se déclarent prêts à changer d'enseigne s'ils trouvent un meilleur prix ailleurs.

Est-ce pour vous ?

Lorsque les internautes utilisent un comparateur, ils cherchent avant tout le meilleur prix pour un produit. C'est la course au « pas cher ». Si vos produits n'affichent pas des prix intéressants par rapport à la concurrence, les comparateurs ne vous apporteront pas grand-chose si ce n'est une perte de temps. Et ce, même si vous offrez des services qui justifient l'écart de prix.

Et qui dit comparateur dit produits normalisés. Inutile de tenter l'expérience si vous offrez des produits artisanaux originaux ou des modèles uniques. Une identification de chaque produit par un code EAN13 est impérative.

Choix, inscription et paiement

Sélectionner un nombre limité de comparateurs

Pour une première expérience, limitez-vous à un seul comparateur. Si l'expérience est positive, vous pourrez alors tester d'autres offres.

En effet, être présent sur un comparateur demande du temps. Il faut générer des flux de produits à partir du catalogue. Ce n'est pas toujours simple, notamment pour établir une correspondance entre les catégories de votre catalogue et celles du comparateur.

Surtout, il faut suivre pratiquement en permanence la conversion par produits ou familles de produits pour s'assurer que l'opération est rentable. (➤ POUR ALLER PLUS LOIN)

Les modes de paiement

Les comparateurs facturent soit au clic (CPC), soit à la vente (CPA ou coût par action). Le comparateur est rémunéré lorsque l'internaute passe une commande.

Lorsque la facturation se fait au clic, pensez que l'internaute clique logiquement sur plusieurs liens proposés par le comparateur avant de passer sa commande. Le taux de conversion peut ainsi s'avérer assez faible.

Vérifier tous les coûts

Certains comparateurs exigent des droits d'entrée, imposent une durée minimale d'engagement et peuvent facturer des frais de résiliation. D'autres demandent un budget minimal de départ. Lisez bien tous les termes du contrat avant de vous engager.

Le prix peut aussi varier selon les catégories de produits.

Demander une simulation

Avant de vous engager, vous pouvez demander une simulation, sur la base de votre catalogue, à un responsable de compte. Vous obtiendrez ainsi une idée du trafic, des coûts et des revenus estimés.

Optimisation des campagnes

Travailler le flux

Le parcours au sein d'un comparateur se fait soit en parcourant les catégories, soit en utilisant le moteur de recherche. Il est donc primordial d'assurer une bonne correspondance entre vos catégories et celles du comparateur.

La qualité du flux (choix des noms de produits, des descriptifs…) a une influence sur le classement et sur la présentation des résultats, et donc sur le taux de conversion.

Limiter éventuellement le catalogue

Pour optimiser la rentabilité, il est souvent intéressant de limiter le flux de produits transmis au comparateur aux produits les plus intéressants de votre catalogue. Éliminez les produits dont les prix ne sont pas concurrentiels et privilégiez ceux à forte rentabilité.

Attention aux stocks!

On enseigne souvent dans les écoles de commerce que le stock coûte cher. En matière de commerce électronique, il faut être très prudent lorsqu'on cherche à optimiser ses stocks. En effet, les internautes se reportent très facilement sur un autre commerçant si le produit n'est pas en stock ou si le délai de livraison est trop long. À exposition égale, les ventes d'un produit non disponible immédiatement peuvent être divisées par trois.

POUR ALLER PLUS LOIN : L'ERREUR À NE PAS COMMETTRE

La présence sur les comparateurs nécessite du temps pour optimiser les flux, suivre le retour sur investissement et analyser le positionnement de ses produits en termes de prix face à la concurrence.

Il est donc fortement déconseillé d'attendre une période stratégique (Noël, soldes...) pour se faire référencer.

Profiter des places de marché

De nombreux sites de commerce électronique se sont transformés en places de marché, ou *marketplaces*. Comment profiter au mieux de ces intermédiaires capable de booster notablement les ventes ?

Les places de marché ou *marketplaces*

Une place de marché, qu'est-ce que c'est ?

Une place de marché est simplement un site de commerce électronique qui s'ouvre à des vendeurs tiers. La plupart des gros sites de commerce ont suivi cette évolution et se sont transformés peu à peu en places de marché.

Cela leur permet d'enrichir leur offre en proposant une multitude de produits fournis par des vendeurs externes.

Pour le consommateur, l'opération d'achat est la même, qu'il commande un produit proposé par le commerçant gérant la place de marché ou un produit proposé par un vendeur externe. Il n'a qu'un seul panier, ne réalise qu'un seul paiement, quel que soit le nombre de vendeurs. Seule la mention « Vendu et expédié par X » indique que c'est un vendeur tiers qui propose le produit.

Les places de marché les plus importantes

La place de marché la plus importante est sans conteste Amazon, aussi bien au niveau mondial qu'en France. Pour le marché français, on peut citer la Fnac, Ebay, Cdiscount et Rue du commerce. Ces places de marché sont des généralistes et vendent toutes sortes de produits. Elles peuvent toutefois refuser des vendeurs qui ne leur conviennent pas.

Comment se rémunèrent les places de marché ?

À la différence des comparateurs de prix et d'autres systèmes publicitaires, les places de marché se rémunèrent sur chaque vente. L'internaute paie la totalité de sa commande sur le site de la place de marché. Celle-ci reverse le montant des commandes à chaque vendeur en prélevant au passage sa commission.

Comment être présent sur les places de marché ?

Une fois les procédures « administratives » réglées (inscription, contact, signature du contrat…), il suffit de générer un flux de produits, qui sera transmis à la place de marché. Ce flux de produits doit être mis à jour fréquemment, une fois par jour en général, et au minimum à chaque changement de prix ou de disponibilité d'un produit.

Il existe des logiciels capables de générer ces flux automatiquement à partir du catalogue d'une boutique ainsi que des compléments pour les logiciels spécialisés tels que PrestaShop ou Magento.

Les avantages

Des coûts faciles à estimer

À la différence des investissements publicitaires, le coût des ventes générées par les places de marché est facile à estimer. C'est un pourcentage sur le montant des commandes. Ce pourcentage varie bien sûr selon le type de produit. Des frais annexes peuvent être facturés mais ils sont mentionnés dans le contrat initial.

Attention toutefois au retour des produits ! C'est le vendeur qui doit l'assumer et non la place de marché.

Un complément et une alternative à la boutique en ligne

Le principal avantage d'être présent sur les places de marché est de profiter de leur trafic. Celui-ci va générer des ventes que le vendeur n'aurait probablement jamais eues.

Certains vendeurs vont plus loin et ne vendent qu'à travers les places de marché sans même avoir de site de vente en ligne propre. Cela évite tous les frais liés à la conception d'un site, à sa maintenance et à sa promotion…

Simplifier la logistique

Certaines places de marché peuvent prendre en charge le traitement et l'expédition des commandes. C'est le cas, par exemple, d'Amazon. Cette option permet de simplifier la logistique et d'oublier le stress des expéditions en période de pointe. Le problème n'est plus celui du vendeur mais celui de la place de marché.

Les inconvénients

La concurrence entre vendeurs

La présence sur une place de marché n'est intéressante qui si les produits vendus sont correctement positionnés en terme de prix par rapport aux autres vendeurs. En effet, la concurrence peut être féroce.

La place de marché connaît les clients et vos meilleurs produits

Le client passe commande sur la place de marché. Celle-ci dispose, comme le vendeur, de toutes les informations sur le client. Rien ne lui interdit ensuite de relancer le client avec des offres promotionnelles tirées de son propre catalogue. (➤ POUR ALLER PLUS LOIN)

POUR ALLER PLUS LOIN : L'ERREUR À NE PAS COMMETTRE

Au démarrage, ne vendez surtout pas vos meilleurs produits sur les places de marché ! En effet, la place de marché identifie les produits à potentiel et pourrait être tentée de les intégrer à son catalogue.

Améliorer sa visibilité avec le *netlinking* et l'affiliation

L'importance du maillage entre les sites n'est plus à démontrer. Mais l'obtention de liens sur d'autres sites implique d'avoir une bonne stratégie. L'affiliation est souvent une bonne solution pour obtenir du trafic.

L'importance du *netlinking*

Le principe du *netlinking*

Le *netlinking*, ou maillage entre sites *via* des liens, permet tout d'abord aux moteurs de recherche de découvrir un site ou les différentes pages d'un site. Plus un moteur trouvera de liens pointant vers un site, plus il va le considérer favorablement.

La présence de liens pointant sur un site n'est pas seulement un atout pour le référencement. Les internautes aussi peuvent découvrir un site de cette façon, en visitant d'autres pages. C'est une source de trafic à prendre en considération.

Exemple
En découvrant un lien vers un site, le moteur de recherche améliore son classement, ce qui entraîne une meilleure visibilité. D'autres *webmasters* vont alors découvrir le site et seront susceptibles de placer à leur tour des liens vers lui. C'est l'effet « boule de neige ».

La notion de *PageRank*

Le *PageRank* (ou popularité) a été mis à l'honneur par Google et a fait son succès. Dans les années 2000, c'était le facteur principal de classement des pages. Aujourd'hui, les algorithmes de classement se sont affinés et complexifiés. La popularité n'est plus qu'un élément parmi d'autres, mais elle reste toutefois à prendre en considération.

La notion de *TrustRank*

Au *PageRank*, Google a ajouté le *TrustRank*, c'est-à-dire la confiance. La popularité n'est plus l'addition du nombre de liens trouvés sur d'autres sites : elle dépend aussi de la qualité des sites. Les sites institutionnels, les sites universitaires et les sites de référence (Wikipedia par exemple) sont considérés comme des sites de confiance. La présence d'un lien sur ces sites a beaucoup plus de valeur que sur d'autres.

La notion de réputation

Cette notion a également été mise en place par Google. Elle consiste à analyser le contenu du texte pointant vers une page pour lui donner une pertinence.

Exemple
Dans un lien intitulé « Voici une page sur l'assurance-vie », si le lien du mot « assurance-vie » pointe vers la page « assurance-vie.html », celle-ci aura la réputation, pour les moteurs, de parler de ce que le texte du lien (texte d'ancrage) contient (ici, l'assurance-vie). Mais si le lien est libellé : « Pour notre offre sur l'assurance-vie, cliquez ici », pour le moteur de recherche, la page distante aura la réputation de parler de « cliquez ici », ce qui est loin d'être pertinent…

Il faut donc éviter les liens de type : « Pour en savoir plus », « Cliquez ici », « Lire la suite », etc., qui fournissent aux moteurs de recherche une réputation erronée des pages. Il en est de même pour les liens sur les images, qui ne transmettent pas de réputation.

Liens entrants et liens sortants

Pour ne pas pénaliser son référencement, l'idéal est de ne pas avoir trop de liens sortants (pointant vers d'autres sites) et de favoriser au contraire une multitude de liens entrants (pointant vers son site).

Les pages qui offrent peu de contenu mais beaucoup de liens sortants seront en effet pénalisées par les moteurs de recherche : ceux-ci considèrent qu'elles n'offrent pas de réelle plus-value aux visiteurs puisqu'elles se contentent de lister des ressources externes. Il faut donc bien réfléchir avant de disséminer des liens sortants dans les pages.

L'obtention de liens

Adapter sa stratégie selon le type de site

Obtenir des liens est plus ou moins facile selon le contenu et selon le type de site. L'opération est plutôt aisée pour un site communautaire ou un site d'information. Elle sera plus délicate pour un site de e-commerce, car les *webmasters* exigent souvent une rémunération en contrepartie. Dans ce cas, l'affiliation est la solution à privilégier.

Privilégier les sites à forte notoriété

Tous les sites ne se valent pas. Dans la recherche de liens, il convient de privilégier les sites à forte notoriété et les sites influents.

Exemple

Placer des liens dans l'encyclopédie Wikipedia est une garantie de trafic important étant donné la notoriété du site. Attention toutefois : ces liens ne peuvent être placés que si le contenu de la page de destination est informatif, en rapport avec le sujet traité dans Wikipedia, et s'il n'a pas une connotation commerciale trop affirmée.

Repérer des sites et des blogs

On peut également repérer les sites et les blogs en rapport avec son site et choisir les plus significatifs pour leur proposer de placer un lien.

L'erreur la plus courante dans cette recherche est de ne rechercher que les sites à fort trafic, même s'ils n'ont pas de relation directe avec la thématique traitée par son site. Mieux vaut privilégier les sites traitant du même sujet : l'obtention de liens sera plus aisée.

Obtenir des liens vers des pages du site

Il est souvent plus facile d'obtenir des liens vers des pages ou des rubriques spécifiques plutôt que vers la page d'accueil du site. Pour les sites de e-commerce, les liens vers l'accueil peuvent être délicats à obtenir si on ne propose pas de rémunération. En revanche, on peut concevoir des pages vers lesquelles d'autres sites pourront pointer avec moins d'exigences.

Exemple

Pour un site de e-commerce, un guide informatif sera la meilleure solution pour obtenir des liens. Une page qui présente un choix de panneaux solaires attirera davantage de liens qu'une page purement destinée à la vente.

Penser thématique

La thématique est l'une des clés d'un bon référencement. À volume de contenu égal, plus le site sera thématique, plus l'indexation sera favorable.

La recherche de liens doit se faire en gardant ce principe en tête. Et, pour renforcer la notion thématique d'un site, il faut privilégier les liens sortants vers d'autres sites dont la thématique est proche. De même, les liens entrants devront être recherchés prioritairement sur les sites ayant une thématique similaire.

Connaître les liens qui pointent vers son site

Pour connaître les liens pointant vers un site, les moteurs de recherche proposent une option très pratique : « link ». Cette commande s'utilise ainsi : « Link : site.com » où « site.com » est l'URL du site que l'on souhaite analyser.

Les outils Google pour *webmasters* recensent également les liens pointant vers un site. À la différence de la commande de recherche « link », ces outils ne sont utilisables que sur son propre site. (➤ POUR ALLER PLUS LOIN)

La mise en place d'un système d'affiliation

Gérer l'affiliation en interne

Le principe de l'affiliation est simple : chaque *webmaster* (affilié) apportant du trafic sur un site (affiliant) est rémunéré. Cette rémunération est constituée le plus souvent d'un pourcentage sur les ventes réalisées.

Gérer l'affiliation en interne suppose la mise en place d'indicateurs, ou *trackers*, permettant de suivre le cheminement de l'internaute et de créditer l'éventuelle vente au site ayant apporté ce visiteur. Mais il faut également offrir des outils de promotion et un accès à un intranet permettant de consulter les ventes réalisées, le trafic envoyé… La multitude de paiements à transmettre chaque mois peut également constituer un frein à la gestion interne de l'affiliation.

Passer par une plateforme spécialisée

Ces plateformes permettent de gérer plus facilement une affiliation, en jouant un rôle d'intermédiaire.

> *Exemple*
> La plateforme paie les *webmasters*, affiche les informations de trafic et de vente dans l'intranet, etc. En résumé, elle s'occupe de tout le *back-office*. La plateforme joue aussi le rôle de tiers de confiance entre affiliés et affiliants, en garantissant aux affiliés le paiement exact de leurs commissions.

Le choix d'une plateforme d'affiliation tiendra compte de son sérieux, de sa capacité à apporter des affiliés et aussi de son coût. Certaines plateformes exigent des droits d'entrée très élevés et sans rapport avec le service rendu.

> *Exemple*
> Il existe une multitude de plateformes d'affiliation : Affilinet, Netaffiliation, Effiliation, Tradedoubler, Xanox…

Choisir une solution

Passer par une plateforme spécialisée coûte *a priori* plus cher, puisque l'intermédiaire prélève une commission sur les transactions. C'est le prix à payer pour éviter tout le développement de l'intranet dédié à l'affiliation. En contrepartie, les affiliés utilisant ces plateformes découvrent les programmes de l'ensemble des annonceurs. Un site récolte ainsi des *webmasters* venus sur la plateforme d'affiliation pour d'autres programmes et qui ne connaissaient pas le site.

La gestion en interne de l'affiliation tend à disparaître car elle est complexe à gérer. Cette option est réservée aux sites à forte notoriété (Amazon, par exemple).

Définir une stratégie

L'affiliation représente souvent 20 à 30 % du chiffre d'affaires des sites de e-commerce. Pour attirer les *webmasters* des sites les plus importants, il est nécessaire de mettre en place une échelle progressive du taux de commission et favoriser ainsi les gros vendeurs.

Proposer des visuels publicitaires est un premier pas, mais cela ne suffit pas. Il faut offrir des outils plus sophistiqués comme la récupération automatique en XML par exemple, ou des références de produits avec les liens vers chaque fiche. Les *webmasters* disposant de compétences en développement pourront ainsi intégrer les liens vers chaque produit et ne pas se limiter à envoyer le trafic vers la page d'accueil. La conversion sera nettement plus élevée et tout le monde y gagnera. C'est un bon moyen pour attirer les *webmasters* les plus performants.

POUR ALLER PLUS LOIN : UNE STRATÉGIE D'OBTENTION DE LIENS EN 5 ÉTAPES

Voici comment procéder :

1. Réaliser un audit des liens qui pointent vers son site en utilisant la commande « link » des moteurs de recherche ou les outils pour *webmasters* de Google (on tape : link : http://www.nomdusite.com dans la barre de recherche de Google).
2. Repérer les liens qui pointent vers les sites concurrents ou du même domaine.
3. Lister les sites qui pourraient placer un lien vers son propre site (ou vers des pages spécifiques) en les classant par ordre de priorité.
4. Créer quelques pages attractives, informatives ou de nature à susciter des liens (concours, bons de réduction, guide...).
5. Proposer les liens aux sites repérés en privilégiant les sites influents.

Générer du trafic avec le SEA

Le *Search Engine Advertising* (SEA) est l'un des composants du *Search Engine Marketing* (SEM) permettant de créer un flux de visiteurs en provenance des moteurs de recherche, *via* des liens sponsorisés ou commerciaux.

Le principe du SEA

Définition

Le *search engine advertising* (SEA) consiste à acheter des espaces publicitaires *on-line*. Ils apparaîtront dans des zones spécifiques des moteurs de recherche, en fonction des requêtes des internautes.

Exemple
Un internaute effectuant une recherche sur l'Espagne sur Google verra apparaître en tête des résultats (sous l'appellation « annonce ») des annonces d'agences de voyages qui auront acheté les mots-clés « vacances » et « Espagne ».

Les différences entre SEA et SEO

Lorsqu'un internaute effectue une recherche sur un moteur de recherche (Google, Yahoo! ou Bing), ce dernier lui renvoie deux types de résultats :

– des résultats « naturels » ou organiques : ils apparaissent sur la page de résultats suite à la requête, sans que personne ait payé pour les afficher. C'est le cœur de métier du moteur de recherche, mais cela ne lui permet pas de générer de chiffre d'affaires ;

– des résultats payants : c'est la seconde manière d'apparaître dans les résultats d'un moteur de recherche. Ici, les annonces sont payantes : le moteur de recherche facture à l'annonceur, au CPC (coût par clic), également appelé PPC (paiement par clic). Lorsque l'annonceur cesse de payer, ses annonces n'apparaissent plus. La force du système (davantage pour les moteurs de recherche que pour les annonceurs) est que la position de l'annonce dépend de la concurrence sur la requête. Le positionnement d'une annonce par rapport à une autre annonce concurrente fonctionne selon un système d'enchères, la première place étant attribuée à l'annonce ayant le rapport nombre de clics par jour/coût par clic le plus favorable. (➤ POUR ALLER PLUS LOIN)

Les avantages du SEA

La précision

Le *search engine marketing* (SEM, combinaison du SEO et du SEA) est la discipline marketing qui permet de suivre et d'évaluer avec une précision inégalée les investissements marketing et leur retour sur investissement (RSI). Il permet à l'annonceur une étude précise des mots-clés : ceux qui réalisent seulement du trafic (trafic non transformant), ceux qui génèrent du trafic et des ventes (trafic transformant), ceux qui ne génèrent aucun trafic.

Le contrôle des coûts

Le SEA permet de contrôler les coûts de manière extrêmement fine et cela au jour le jour (voire heure par heure), faisant de ce canal de communication un média totalement immunisé contre les coupes budgétaires lors des périodes de récession.

La rapidité

Un autre avantage du SEA est son instantanéité : à l'inverse du référencement naturel (SEO) qui nécessite un travail d'optimisation régulier pour atteindre les premières pages des résultats naturels, le SEA permet d'apparaître en première page quasiment en temps réel.

Les deux types de liens

Les liens sponsorisés

Les liens sponsorisés sont les annonces payées pour apparaître dans les résultats des moteurs de recherche. L'annonceur, selon un principe d'enchère, propose un prix maximal qu'il est prêt à payer pour chaque clic réalisé sur son annonce commerciale.

Exemple
Ce sont les liens précédés du mot « Annonce » en vert en haut de la page de réponse de Google.

Les liens contextuels

Les liens contextuels sont les annonces affichées sur des sites de contenus partenaires des régies Internet. Elles sont dites « contextuelles » car elles apparaissent sur des pages ayant un contenu en rapport avec l'annonce. Les régies parlent de « réseau de contenu ».

Exemple
Un article sur la téléphonie verra apparaître les liens sponsorisés d'un opérateur téléphonique ou d'un fabricant de téléphone.

Les programmes de SEA

Le programme Google Ads

Il existe différents programmes de SEA. Le pionnier a été Google, avec son programme AdWords. Aujourd'hui Google Ads, il reste leader en termes de trafic, même si les programmes concurrents doivent être pris en considération. Le principe de base est de payer au clic, c'est-à-dire de ne payer que lorsqu'un visiteur clique sur l'annonce et arrive sur le site.

Les autres programmes

Microsoft propose un programme similaire : « Bing Ads », permettant d'apparaître également sur son moteur Bing mais également sur Yahoo! Si l'interface diffère, le principe est très similaire et les stratégies de choix de mots-clés ou de budget répondent aux mêmes règles.

POUR ALLER PLUS LOIN : LA LONGUE TRAÎNE

L'expression « longue traîne » (de l'anglais « *long tail* ») fut utilisée pour la première fois en 2004 par Chris Anderson pour illustrer cette idée : « Le futur du *business*, c'est de vendre moins de chaque produit, mais plus de produits différents. » On peut appliquer ce constat au SEA.

Imaginons un site de vente de fromages. Son dirigeant décide de se positionner sur 100 mots-clés. Il constate que les 10 premiers mots les plus demandés (« fromage », « fromages français », « camembert »...) sont aussi les plus chers, et qu'ils représentent 60 % du CA réalisé grâce au SEA. Cela signifie qu'il réalisera tout de même 40 % de son CA avec les 90 autres mots (« munster-géromé », « bleu de Gex »...). Il aura donc intérêt à focaliser son action sur les mots-clés les moins demandés, pour avoir un coût d'acquisition du client moins élevé.

Utiliser le programme Google Ads

Il existe différents programmes de SEA. Un des plus utilisés est celui de Google avec son programme Ads, qui permet d'apparaître en marge des résultats naturels de recherche, moyennant paiement.

Ouvrir un compte Google Ads

Le compte standard et le compte simplifié

À l'ouverture de Google Ads, l'annonceur a le choix entre un compte standard et un compte simplifié. Le compte simplifié n'offre pas d'atout majeur, si ce n'est une interface épurée du fait du masquage de certaines fonctions. Dans la pratique, ce type de compte n'est à considérer que pour une utilisation occasionnelle des Ads sur un seul produit.

Les coordonnés bancaires

Chaque compte est lié à un compte bancaire ; l'annonceur doit fournir les coordonnées de ce compte avant d'activer sa première campagne.

Définir une campagne Ads

La hiérarchie dans Google Ads

Une campagne Ads est la mise en ligne d'annonces payantes sur Google. Une campagne comprend plusieurs groupes d'annonces, chacun de ces groupes étant associé à un ou plusieurs mots-clés. Les groupes d'annonces permettent d'obtenir plusieurs annonces pour une même liste de mots-clés. L'intérêt principal est de tester les annonces pour retenir celles qui sont les plus performantes.

L'intérêt de définir plusieurs campagnes

Plutôt que de regrouper toutes ses annonces dans une seule campagne, il est important de définir plusieurs campagnes.

En effet, des paramètres par défaut peuvent être appliqués à une campagne : budget maximal par clic par exemple. Il est également intéressant de pouvoir supprimer une campagne ou de la mettre en veille.

Exemple

Un site de vente de lingerie pourra définir plusieurs campagnes : une pour la lingerie féminine, une pour la lingerie masculine, une pour les soldes, ou encore des campagnes destinées à être activées lors d'événements particuliers : Fête des mères, Saint-Valentin... La campagne pour les soldes, par exemple, sera activée uniquement pendant les périodes de solde, et ce en un seul clic.

Les annonces

L'annonce comprend un titre, un texte court (ou bien une image, une vidéo, etc.) et une URL de destination.

Trois types d'annonces sont disponibles :

– les annonces textuelles, qui sont les plus courantes ;

– les annonces multimédias (image ou vidéo) ;

– les annonces pour mobiles.

Le titre de l'annonce doit être accrocheur, pour attirer l'attention du visiteur sur le produit ou service. La description (2 lignes de 35 caractères au maximum) doit être claire et suffisamment attrayante pour inciter l'utilisateur à cliquer sur l'annonce. (➤ POUR ALLER PLUS LOIN)

Cibler sa campagne Ads

Le ciblage géographique

Google Ads offre plusieurs options intéressantes de ciblage géographique des utilisateurs.

Exemple

L'affichage des annonces peut être réservé à un pays. Il est en effet inutile d'afficher les annonces dans les pays où le site n'est pas implanté ou est peu performant (en raison de frais de livraison trop importants par exemple).

Ce ciblage géographique peut être encore affiné, en limitant la diffusion à une région ou à une ville. On peut doubler ce ciblage géographique d'un ciblage linguistique qui tiendra compte de la langue de l'internaute.

Les restrictions horaires et journalières

Autre option intéressante : la possibilité de réduire la diffusion des annonces à certaines plages horaires. Un vendeur de matériel professionnel pourra ainsi limiter la diffusion aux horaires d'ouverture des entreprises. Cela optimisera la rentabilité de la campagne en réduisant le nombre de curieux susceptibles de visiter le site sans intention d'achat, visites qui auraient tout de même été facturées à l'annonceur.

Choisir des mots-clés

Trouver des mots-clés

Trouver des mots-clés n'est pas le plus difficile. La première étape consiste à recenser les mots-clés les plus importants pour le site. Google propose, dans l'interface d'administration de son compte, un outil permettant de trouver des mots-clés. Cette recherche se fait en indiquant un mot-clé, Google donnant alors les variantes susceptibles d'être utilisées pour une recherche. Encore plus intéressant, en indiquant l'URL du site, Google propose une liste de mots-clés qu'il considère comme pertinents pour ce site.

Choisir des mots-clés génériques ou précis

Si l'objectif principal est la rentabilité, les mots-clés précis offriront une conversion beaucoup plus forte que les mots-clés trop génériques. Autre avantage : le coût par clic sera bien inférieur.

Le revers de la médaille est que le trafic généré sera aussi beaucoup moins important. La rentabilité sera forte mais le chiffre d'affaires sera plus marginal.

Exemple

Pour un site de vente de livres, le mot-clé générique « livre » sera apporteur de trafic. Mais c'est un mot-clé très concurrencé que l'on va payer cher.

À l'inverse, avec des mots-clés de titres de livres ou de noms d'auteurs, le coût par clic sera plus avantageux et le nombre de commandes générées, à trafic égal, sera très supérieur.

Utiliser les outils de prévision de trafic

Pour l'ensemble des mots-clés choisis, Google Ads indique quelles sont les prévisions de trafic, le coût par clic estimé et donc le budget global. Cette prévision est également disponible lorsqu'on recherche des mots-clés avant de les intégrer dans les campagnes.

Obtenir un bon placement de ses annonces

La stratégie d'enchères

Pour chaque mot-clé (ou groupe de mots-clés), il faut définir le coût par clic maximal que l'on est prêt à payer. *A priori*, plus ce coût maximal est élevé, plus l'annonce a des chances d'être bien positionnée. Dans tous les cas, le coût maximal n'est pas forcément le coût payé, celui-ci pouvant être inférieur. C'est simplement la limite haute ; l'annonceur est sûr de ne jamais payer plus.

Le coût par clic moyen pour un mot-clé dépend de la concurrence entre les différents « acheteurs » de ce mot-clé. Plus la concurrence est forte, plus l'obtention d'un bon positionnement sur le mot-clé sera onéreuse.

Le score de qualité

Le coût maximal n'est pas le seul facteur de placement des annonces. Google attribue aussi un score de qualité à chaque annonce. Ce score dépend essentiellement du taux de clic sur l'annonce : plus ce taux est élevé, meilleur est le score de qualité.

Le placement des annonces

La position de l'annonce est déterminée par la combinaison entre le coût maximal par clic et le score de qualité attribué par Google.

Pour comprendre le principe, il faut imaginer que Google dispose d'emplacements et qu'il cherche à les rentabiliser au mieux. Si une annonce est souvent cliquée, Google facturera davantage de clics et pourra donc accepter un coût par clic plus bas.

Exemple

Supposons que le coût moyen par clic d'un mot-clé est de 0,20 €. Si une annonce est cliquée une fois tous les 100 affichages, Google encaisse 0,20 € pour 100 affichages. Si l'annonce concurrente est cliquée 3 fois pour 100 affichages, le rapport pour Google est 3 fois supérieur. En pratique, Google abaissera le coût par clic de la seconde annonce, et la placera en position plus haute.

Gérer son budget

Le calcul du prix maximal par clic

Pour estimer le prix maximal à payer par clic, donc par visiteur, il existe une formule simple :

$$\frac{\text{Marge par commande} \times \text{Taux de conversion}}{100}$$

Exemple

Le montant moyen d'une commande est de 50 €. Sur cette commande, la marge est de 22 € et le taux de conversion est de 3 % (3 commandes pour 100 visiteurs). Pour 100 visiteurs, la marge est donc de 66 € (22 € × 3 commandes). Dans ce cas, le coût maximal est de 66 € pour 100 visiteurs, soit 0,66 € par visiteur, donc par clic.

Le budget journalier maximal

Pour chaque campagne, l'annonceur peut définir un budget quotidien maximal. Lorsque ce budget est atteint, les annonces ne sont plus diffusées et l'annonceur ne paye donc plus pour le restant de la journée. Ce budget maximal constitue une sécurité pour limiter les risques, surtout en période de démarrage.

POUR ALLER PLUS LOIN : OPTIMISER SES CAMPAGNES ADS

Bien rédiger ses annonces

Pour optimiser ses campagnes, la première règle est de bien rédiger ses annonces. Celles-ci doivent être incitatives, un bon taux de clic diminuant le coût du clic et donc le prix payé pour un visiteur.

Mais il ne faut pas que l'annonce soit trop prometteuse par rapport à ce qu'offre le site ; sinon, le visiteur sera déçu et ne se transformera pas en client.

Exemple

Si une annonce promet des réductions de 50 % et qu'une fois sur le site, un seul produit offre ce niveau de réduction, les visiteurs cliqueront sur l'annonce mais n'achèteront pas. Le taux de conversion sera faible et l'annonceur ne rentabilisera pas son investissement.

Choisir la bonne page de destination

Une erreur courante consiste à emmener le visiteur sur la page d'accueil du site. Ce n'est pas toujours pertinent. La page de destination doit être en relation avec l'annonce. Et, si besoin, on peut créer des pages spécifiques.

Ne pas fixer un coût par clic trop bas

Si le coût maximal par clic est trop bas, la plupart des annonces ne seront pas affichées. Au contraire, si le coût maximal est correct, voire élevé, les annonces apparaîtront en tête de liste. Les visiteurs cliquant plus souvent sur les annonces de tête, le score de qualité augmentera et le coût par clic diminuera progressivement. L'annonce sera alors probablement placée plus haut que les annonces concurrentes, avec un coût par clic inférieur.

Analyser et exploiter les statistiques de trafic

Analyser les statistiques de trafic sur un site permet de disposer d'informations capitales sur l'origine des visiteurs, leur parcours, leurs centres d'intérêt… ce qui offre des éléments essentiels pour définir une stratégie d'amélioration.

L'analyse du trafic

Le nombre de visiteurs

En termes de trafic, l'indicateur le plus important est probablement le nombre de visiteurs. Cette information indique le nombre de personnes qui ont visité le site pendant une période donnée (jour, mois…). Le nombre de visites peut être plus important que le nombre de visiteurs, un visiteur pouvant revenir plusieurs fois sur le site dans la même période.

À noter qu'il existe de légères différences de chiffrage entre les différents outils statistiques. Ces différences sont dues au mode de calcul et aux conventions utilisées par chaque outil.

Les sites ou moteurs apportant du trafic

Analyser l'origine du trafic permet de valider la pertinence de la stratégie de référencement à plusieurs niveaux :

– le *netlinking* : le nombre de liens pointant vers le site est-il conséquent ? Quels sont les sites qui pourraient mettre un lien vers le site et ne l'ont pas fait ?

– le référencement dans les moteurs de recherche : quels sont les mots-clés saisis qui génèrent du trafic ? Ces mots-clés correspondent-ils à ceux sur lesquels le site s'est positionné ? À l'inverse, quels mots-clés importants pour le site n'apportent pas de trafic ou trop peu ? Le référencement de ces mots-clés sera à améliorer.

L'origine géographique du trafic

L'origine géographique du trafic a son importance, notamment pour les sites de e-commerce. Il est en effet fréquent qu'une part significative des visiteurs d'un site provienne de pays où le site est peu performant, souvent en raison de frais de livraison prohibitifs. Il faudra en tenir compte dans le calcul des différents ratios de rentabilité.

Exemple
Une boutique française de e-commerce reçoit du trafic en provenance du Canada. Si le taux de conversion des visiteurs canadiens est faible compte tenu des frais de port, on peut réajuster les calculs de ratios en éliminant le pourcentage de visiteurs en provenance de ce pays.

L'évolution dans le temps

Les statistiques sur une période donnée sont intéressantes, mais il est encore plus intéressant de suivre leur évolution dans le temps.

Cette évolution doit être comparée à celle d'autres sites du même domaine ou à l'évolution générale d'un segment de marché. On peut progresser, mais cela ne suffit pas si on progresse moins que les autres ; dans ce cas, ce serait plutôt une régression…

L'accès à Internet *via* les téléphones mobiles

L'accès à Internet se fait de plus en plus *via* des téléphones mobiles ; ces accès sont à suivre de très près. Si le site ne propose pas de version mobile, il sera judicieux d'y penser.

Les outils statistiques

L'utilisation des outils externes est très simple. Le principe de base consiste à copier une portion de code JavaScript dans chaque page du site. Les données statistiques sont traitées et disponibles sur un site externe. Le traitement ne demande donc aucune ressource. Le plus connu de ces outils est Google Analytics, disponible gratuitement.

Les outils statistiques de trafic ne suffisent pas pour analyser la performance d'un site Web, notamment d'un site marchand. L'analyse d'un site Web devra donc se faire avec une combinaison d'outils. Les tableaux de bord devront agréger les données statistiques avec des informations issues de la base de données des ventes pour obtenir un ensemble de ratios pertinents.

L'exploitation des statistiques

Les informations à suivre

Hormis le nombre de visiteurs, une multitude d'indicateurs sont à suivre de près. Le nombre de pages vues par visiteur est une information importante sur l'intérêt du site. Un nombre trop faible de pages vues par visiteur (en dessous de 5) devra alerter sur le manque d'intérêt pour le contenu proposé.

De même, un fort taux de rebond, qui indique le pourcentage de visiteurs quittant immédiatement le site, est un autre indicateur du manque d'intérêt.

Les tests A/B

Les tests A/B, ou *split tests*, permettent de tester plusieurs scénarios et d'apprécier la performance d'une nouvelle interface avant sa mise en place définitive.

Le principe consiste à scinder les visiteurs en deux groupes (d'où le nom A/B) et à proposer des pages différentes pour chacun de deux groupes. On suit le parcours des groupes et on observe lequel des deux donne le meilleur résultat.

Les combinaisons d'outils

Une bonne analyse de la performance se fonde sur des tableaux de bord pertinents. Ces tableaux de bord intègrent des données en provenance de plusieurs sources : statistiques de trafic, informations commerciales…

On pourra suivre ainsi, sur un même tableau, le taux de conversion, le panier moyen global et le panier moyen par famille de produits, la fidélité des acheteurs, la ventilation des ventes par gamme de prix, par catégories, par fournisseurs…

Ces indicateurs sont propres à chaque type de site. Le premier travail consiste à définir quels sont les indicateurs les plus performants en fonction de l'activité du site.

Exemple

Un tableau de bord pertinent indiquera quels sont les produits leaders. Ce ne sont pas forcément les produits globalement les plus vendus mais les produits pour lesquels le taux de conversion (nombre de commandes par rapport au nombre d'internautes ayant consulté la fiche) est le plus fort.

Définir les objectifs d'une campagne publicitaire

Pour le e-commerçant, une campagne de publicité peut avoir plusieurs objectifs : développer sa notoriété et son image, constituer une base de données, créer du trafic sur son site ou encore augmenter ses ventes.

Développer la notoriété et l'image (*branding*)

Le principe

L'annonceur entend se faire connaître auprès d'un grand nombre d'internautes (développement de sa notoriété) tout en diffusant une image positive (valorisation de son image de marque). Ce type de campagne (*branding*) implique une présence massive sur les sites.

Le *branding* est le seul type de campagne pour lequel le taux de clic sur les bandeaux n'est pas primordial. En effet, il s'agit avant tout d'augmenter la visibilité de la marque.

Exemple
Les parfumeurs sont familiers des campagnes de *branding*. L'objectif visé est de développer une préférence pour la marque sans forcément chercher à provoquer l'achat en ligne.

Les leviers adaptés

La campagne de *branding* privilégiera soit l'achat d'espaces au CPM (coût par mille affichages ou impressions du bandeau quel que soit le nombre de clics), soit l'achat d'espaces pendant une période déterminée (exemple : forfait de 24 heures pour une arche).

Les formats impactants de bandeaux (de grande taille, *expand*…) seront privilégiés. Le *rich media* (bandeaux avec des vidéos, des animations…) renforcera l'impact de la campagne.

Les indicateurs d'efficacité

On comptabilise le nombre d'impressions réalisées (nombre de fois où la publicité a été affichée). On calcule aussi la part de voix, qui mesure la présence de l'annonceur selon l'espace publicitaire acheté. Il est également possible de mesurer la visibilité d'un format, et ainsi de savoir s'il a été réellement vu par l'internaute.

Constituer une base de données

Le principe

Ici, l'objectif est de collecter le plus grand nombre d'adresses e-mail (et souvent d'autres informations) par le biais d'un formulaire rempli par les internautes.

Les leviers adaptés

Pour inciter l'internaute à fournir ces renseignements, la campagne de e-publicité pourra prendre la forme d'un jeu-concours. L'annonceur pourra également proposer le téléchargement d'un livre blanc sur un sujet précis.

Dans ce cas, on achètera l'espace avec une facturation de type CPF (coût par formulaire) appelé aussi CPL (*cost per lead*) : l'annonceur paye une somme fixe par formulaire rempli.

Exemple
Grâce à leurs campagnes sur le Web, les sociétés de crédit recueillent les coordonnées téléphoniques des internautes afin de pouvoir les contacter directement.

Les indicateurs d'efficacité

On calcule :
– le nombre d'internautes ayant rempli entièrement le formulaire ;
– le taux de transformation (nombre de formulaires remplis / nombre d'internautes ayant cliqué sur le bandeau × 100) ;
– le coût de recrutement (coût de la campagne / nombre d'internautes ayant rempli entièrement le formulaire).

Créer du trafic

Le principe

L'annonceur cherche à augmenter le nombre de visiteurs sur son site. Le trafic peut être événementiel (lié à un événement précis) ou récurrent.

Les leviers adaptés

Si l'objectif est de créer du trafic, on choisira l'achat d'espace au CPC (coût par clic) : l'annonceur paye une somme fixe pour chaque clic effectué sur les bandeaux de sa campagne. Il est également possible d'acheter au format CPV (coût par visite) : l'annonceur paie toujours une somme fixe, mais cette fois-ci pour chaque visite effectuée.

Exemple
Divers leviers permettent de créer du trafic avec une campagne de e-publicité : la sortie d'un nouveau produit, l'offre d'un diagnostic gratuit, un quiz (sans demander ses coordonnées à l'internaute)...

Les indicateurs d'efficacité

On calcule le nombre de visites et le nombre de pages visitées pendant la campagne.

Augmenter ses ventes

Le principe

Il s'agit d'augmenter le chiffre d'affaires du site.

Les leviers adaptés

Pour favoriser l'atteinte de cet objectif, les bandeaux mettront en avant des prix avantageux, un grand choix de produits et/ou de marques, un service complémentaire, etc.

Exemple
Les sites marchands comme spartoo.com ou zalando.fr ont recours aux campagnes d'affiliation pour augmenter leurs ventes.

On privilégiera l'achat d'espace au CPA (coût par acquisition), appelé aussi CPS (*cost per sale*) : l'annonceur (ici l'affilieur) paye les sites supports (les affiliés) en fonction du nombre de ventes réalisées ; il rémunère également la plateforme d'affiliation.

Les indicateurs d'efficacité

On calcule :
– le nombre de ventes et le CA générés par la campagne,
– le panier moyen (CA occasionné par la campagne / nombre de commandes),
– le taux de transformation (nombre de commandes / nombre d'internautes ayant cliqué sur le bandeau × 100),
– le coût de la commande (coût de la campagne / nombre de commandes).

Connaître les intermédiaires de la publicité en ligne

L'annonceur qui souhaite promouvoir ses produits par une campagne de publicité en ligne doit choisir ses prestataires. Il est donc important de connaître les différents intermédiaires qui, selon le cas, seront partenaires ou concurrents.

Les agences

L'agence de communication interactive

Une agence de communication interactive (ou agence digitale) conçoit la campagne de communication en ligne de A à Z. Elle conseille l'annonceur dans le but de mettre en place une stratégie qui tienne compte de ses objectifs, de son positionnement, de ses ressources, etc. Elle peut également réaliser des études pour étayer la stratégie qu'elle préconise.

Exemple
Pour optimiser la campagne de communication en ligne, l'agence pourra procéder à une analyse de comportement des internautes ou à une analyse d'audience de sites.

Elle assure la création des bandeaux publicitaires, des sites dédiés à un produit, des pages destinées aux réseaux sociaux, etc. Elle choisit les sites supports sur lesquels la campagne va s'afficher et achète les espaces publicitaires pour son client. Enfin, elle contrôle la mise en place de la campagne et mesure ses retombées (à travers le ROI par exemple).

L'agence de communication interactive utilise différents outils et met en place une veille technologique et socioculturelle permanente afin de se tenir informée des dernières tendances du Web.

L'agence conseil en médias interactifs

Ce type d'agence remplit le même rôle que l'agence de communication interactive, mais elle possède un savoir-faire pointu en matière de conseil en achat d'espaces publicitaires et de contrôle des campagnes sur le Web. Certaines agences conseils en médias interactifs ont d'ailleurs développé leurs propres solutions logicielles, qui leur permettent de piloter les campagnes de e-publicité de leurs clients sans avoir à utiliser les outils standard du marché.

Exemple
L'agence Performics propose une approche intégrée en matière de planification et d'achat média qui permet de toucher les consommateurs au moment idéal.

Les agences de communication interactive et les agences conseils en médias interactifs peuvent être concurrentes mais aussi partenaires : l'annonceur peut tout à fait confier la création de sa campagne à l'agence de communication interactive, et l'achat d'espaces sur le Web à l'agence conseil en médias interactifs.

Les régies publicitaires

Les régies internes

Il s'agit des départements commerciaux des sites éditeurs lorsque ceux-ci commercialisent eux-mêmes leur propre espace publicitaire. L'existence d'une régie interne (ou intégrée) n'empêche pas certains sites éditeurs de recourir également aux services de régies externes *display* ou de plateformes d'affiliation.

Certains sites proposent aux annonceurs d'apparaître également sur d'autres sites partenaires complémentaires afin d'offrir une plus large audience ou un trafic plus élevé.

> *Exemple*
> Orange Advertising Network commercialise, en plus de l'espace publicitaire des sites du groupe Orange (orange.fr, 118712.fr...), celui du site viamichelin.fr.

La plupart du temps, la régie interne pratique une facturation au CPM (coût par mille affichages ou impressions d'un bandeau) ou pour une période déterminée (ex. : forfait de 24 heures pour une arche). Il s'agit alors de *branding* : l'objectif est d'augmenter la notoriété et de valoriser la marque de l'annonceur.

Cependant, certaines régies intégrées proposent une facturation à la performance en proposant par exemple des liens sponsorisés commercialisés au coût par clic.

● Les régies externes *display*

Une régie publicitaire externe *display* est une société qui commercialise les espaces publicitaires de sites supports tiers (les éditeurs) et qui se rémunère en prélevant une commission sur la vente des espaces. Les espaces sont vendus à des annonceurs, à des agences de communication interactive ou à des agences conseils en médias interactifs.

On parle de « régies *display* » lorsque celles-ci pratiquent majoritairement une facturation au CPM ou au forfait. L'objectif est de mettre en place des campagnes de *branding* pour les annonceurs.

Les sites éditeurs regroupés au sein de ce type de régies le sont « en pack » ou « thématiques ». Chaque pack regroupe un ensemble de sites possédant une structure d'audience similaire : par exemple, un « pack féminin » pourra être constitué de sites fréquentés par des femmes actives. Une campagne peut ainsi être lancée sur les sites d'un même pack pour atteindre simultanément un grand nombre d'internautes de même profil.

> *Exemple*
> La régie Adverline propose, entre autres, les packs BtoB, Immobilier, Maison Déco, Voyages, Jardin, Cuisine.

Le nombre de sites éditeurs dont les espaces sont commercialisés par ce type de régies varie de plusieurs dizaines à plusieurs centaines selon l'importance de la régie. Ces régies proposent en général des remises importantes sur le volume d'espace acheté.

● Les plates-formes d'affiliation

Une plate-forme d'affiliation (ou régie à la performance) est un intermédiaire qui met en relation un annonceur (l'affilieur) et un réseau de sites éditeurs (les affiliés).

L'affilié est rémunéré quand un internaute qui visite son site clique sur une publicité et effectue une action déterminée au préalable sur le site de l'affilieur :

– une vente (*cost per sale* : CPS ou coût par acquisition : CPA) ;

– le remplissage d'un formulaire (*cost per lead* : CPL ou coût par formulaire : CPF) ;

– un téléchargement (*cost per download* : CPD ou coût par téléchargement : CPT) ;

– un clic (*cost per clic* ou coût par clic : CPC).

Pour chaque action réalisée, l'affilieur verse une somme (fixe ou variable) définie à l'avance, dont une partie ira à la plate-forme d'affiliation et l'autre à l'affilié qui aura généré la visite de l'internaute.

La plate-forme d'affiliation facturera aussi à l'affilieur l'accès à son réseau d'affiliés (qui compte au minimum plusieurs dizaines de milliers de sites), la réalisation des bandeaux (le kit bannières) destinés à être proposés aux affiliés et des services annexes.

La plate-forme peut mettre en place pour l'affilieur soit un programme, activité d'affiliation à long terme, soit une campagne, c'est-à-dire une opération ponctuelle.

Exemple
La plate-forme d'affiliation NetAffiliation gère des campagnes pour des clients comme Spartoo.com en mettant à disposition son réseau de plus de 170 000 affiliés dans le monde.

Les régies externes spécialisées

Certaines régies interviennent sur des secteurs spécifiques qui exigent un savoir-faire et une approche particuliers. C'est le cas des plates-formes d'affiliation spécialisées dans le secteur adulte (sites pornographiques), appelées « sponsors », ou encore spécialisées en paris sportifs…

Exemple
Le sponsor CarpeDiem, spécialisé dans le secteur adulte, gère notamment des campagnes de recrutement d'internautes pour des sites de rencontre. Les affiliés sont rémunérés au CPL.

Les régies mobiles/tablettes

Ces régies commercialisent des espaces publicitaires sur des applications ou des sites mobiles présents sur les mobiles et les tablettes. Actuellement, le mobile est le média qui progresse le plus rapidement en termes d'achat d'espaces. Celui-ci peut se faire au CPM ou au clic. Ces régies mettent aussi en place des campagnes d'envoi de SMS ou de MMS.

L'un des avantages des campagnes publicitaires sur mobiles et tablettes réside dans le ciblage extrêmement fin de l'audience. Ainsi, la géolocalisation de l'utilisateur est possible et peut s'avérer très utile.

Exemple
La régie Ogury permet de toucher les mobinautes en fonction des applications et sites mobiles consultés. Ainsi, un annonceur automobile pourra s'adresser aux détenteurs d'applications d'actualités automobile ou de marques concurrentes.

Les sociétés de *retargeting*

Un site marchand est confronté à un véritable problème : un très grand nombre de ses visiteurs le quitte sans avoir acheté de produits. Certains internautes repartent très rapidement après être arrivés, d'autres au contraire commencent à remplir leur panier avant de l'abandonner.

Les sociétés de *retargeting* proposent aux sites marchands (principalement) de ramener l'internaute sur le site qu'il a abandonné en lui proposant d'afficher sur des sites partenaires les produits pour lesquels il a montré un intérêt.

Le *retargeter* se rémunère soit au clic, soit en prélevant une commission sur l'achat effectué par l'internaute lors de son retour, soit en facturant les affichages.

Exemple
Critéo propose des solutions de *retargeting* facturées au clic, sur Web et sur mobiles.

Les places de marché programmatiques

Une place de marché programmatique (ou *ad exchange*) est une plate-forme automatisée de vente et d'achat d'espaces publicitaires au CPM (dans la grande majorité des cas). Cet outil permet à un annonceur d'acheter des bandeaux auprès d'éditeurs qui ont mis leurs espaces en vente (le plus souvent) aux enchères en temps réel (RTB).

Les annonceurs (ou leurs agences) créent leurs campagnes en choisissant leurs formats, leurs critères de ciblage et un prix d'enchère au CPM (plus rarement au CPC). C'est le plus offrant des annonceurs qui remporte l'impression.

La place de marché programmatique permet de réduire les coûts en automatisant les phases de négociations et d'achats d'espaces et celles d'implémentation des campagnes.

Exemple
Les plus gros réseaux d'éditeurs possèdent leur propre *ad exchange* : Doubleclick Ad Exchange (Google), Orange Ad Market (Orange)...

POUR ALLER PLUS LOIN : LES SERVEURS PUBLICITAIRES (*AD SERVERS*)

Un serveur publicitaire est un logiciel (couplé à un serveur) qui permet de gérer les campagnes publicitaires sur le Web. Il est utilisé par des éditeurs, des régies, des agences et même par certains annonceurs.

Exemple
Les serveurs publicitaires les plus utilisés sont : Adtech, Dart, DFP Small Business, Open Adstream, OpenX, Smart AdServer.

➤ La fonction de planification

Ces serveurs extrêmement précieux planifient les campagnes en paramétrant divers éléments :

- le type de bandeau acheté par l'annonceur (méga-bannière, *skyscraper*, grand angle, etc.) ;
- le nombre d'impressions ;
- leur emplacement (page d'accueil, rubrique...) ;
- la date et les heures de diffusion ;
- le *capping* (nombre de vues du bandeau par session ou pendant une période donnée).

➤ La fonction de ciblage

De plus, le serveur publicitaire permet le ciblage de la campagne de différentes manières :

- géographique ;
- retargeting ;
- comportemental ;
- contextuel ;
- socio-démographique géographique (y compris local) ;
- temporel

➤ Les autres fonctions

Le serveur publicitaire comptabilise les statistiques de campagne (nombre d'impressions, taux de clic, etc.) *via* un rapport d'activité.

Il calcule en temps réel les espaces publicitaires invendus.

Enfin, le serveur publicitaire calcule la rentabilité des campagnes ramenée au CPM (e-CPM) afin d'afficher celle qui génère le plus de revenus à l'éditeur.

Les différents formats de bandeaux publicitaires

La publicité en ligne propose un grand nombre de formats de bandeaux. Les formats les plus répandus possèdent tous leurs propres caractéristiques en termes de créativité, d'impact, d'intrusivité et de coût.

Format classique ou format natif ?

Les formats classiques

Certains formats de bandeaux sont acceptés par la majorité des sites. Le fait de respecter certaines dimensions permet de diffuser la même campagne sur différents sites sans avoir à élaborer un bandeau spécifique pour chaque site support.

L'IAB (*Interactive Advertising Bureau*), chargé de structurer le marché de la communication sur Internet, a même défini des formats standard. Les sites supports sont encouragés à utiliser ces formats mais aucune loi ne les y contraint.

Les formats natifs

Ces formats sont destinés à se fondre dans le contenu d'une page en limitant au maximum leur intrusivité. Ils sont ainsi perçus de manière plus positive par l'internaute, qui se sent moins agressé. La plupart des publicités natives ne sont pas bloquées par les ad-blockers

Exemple
Lemonde.fr propose sur sa home page un encart de 9 annonces natives qui reprennent la dimension des têtes de rubriques du site.

Les formats les plus courants

Les bannières, rectangles et pavés

Parmi les bannières horizontales, on distingue la bannière classique, la méga-bannière, la giga-bannière (ou *leaderboard*) et le *masthead*. Les bannières verticales peuvent prendre la forme d'un *skyscraper* ou d'un *méga-skyscraper*. Outre ces formats, il existe une multitude de bannières ou de carrés de petite taille, quelquefois appelés « boutons ».

Exemple
Il existe notamment des bannières de 120 px × 90 px et des carrés de 50 px. L'affiliation utilise souvent ces petits formats.

Le rectangle possède une largeur légèrement supérieure à sa hauteur. Le rectangle médium est le plus fréquemment utilisé. Le grand angle possède la même largeur mais est plus haut.

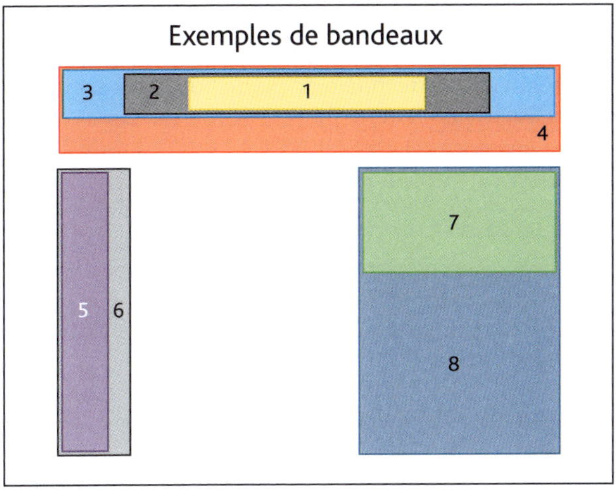

1. Bannière classique (468 X 60 px)
2. Méga-bannière (728 X 90 px)
3. Giga-bannière (1 000 X 90 px)
4. *Masthead* (1 000 X 250 px)
5. *Skyscraper* (120 X 600 px)
6. Méga-*Skyscraper* (160 X 600 px)
7. Rectangle médium (300 X 250 px)
8. Grand angle (300 X 600 px)

Les formats *expand*

Le principe consiste à proposer un bandeau qui se déroule (verticalement ou horizontalement), soit lorsque l'internaute passe sa souris dessus, soit lors de sa première exposition au bandeau.

La surface du bandeau déroulé, qui peut être très large et à fort impact visuel, permet d'insérer une vidéo, un questionnaire ou n'importe quelle animation.

Exemple

Les formats mentionnés plus haut sont disponibles en *expand*. Ainsi, la méga-bannière peut passer de 728 × 90 px à 728 × 250 px, la giga-bannière de 1 000 × 90 px à 1 000 × 300 px, le grand angle de 300 × 600 px à 600 × 600 px, etc.

Le *push down*

Ce format très spectaculaire prend la forme d'un rectangle de grande dimension qui apparaît en haut d'une page (souvent la page d'accueil). Le contenu de la page apparaît avant d'être décalé vers le bas d'une distance qui correspond à la hauteur du *push down*. Le format pourra se rétracter soit après quelques secondes, soit uniquement sous l'action du bouton de fermeture. Contrairement à l'*expand*, qui recouvre le contenu du site, le *push down* repousse celui-ci vers le bas.

Exemple

Le *push down* peut passer de 1 000 × 440 px à 1 000 × 90 px. Chanel l'a utilisé pour une campagne vidéo.

Le *corner ad* (*peel's page*)

Ce format se positionne dans le coin supérieur de la page Web. Quand l'internaute passe sa souris sur le coin (qui est légèrement en mouvement de manière à attirer l'œil), celui-ci revient vers l'intérieur de la page en découvrant alors la publicité, jusque-là dissimulée par le coin.

Exemple

L'*ad corner* peut passer de 100 × 100 px pour la partie *corner* à 560 × 400 px pour la partie déployée.

Le *take over*

Ce format publicitaire se superpose sur la page du site et déroule une animation réalisée le plus souvent en HTML5. Cette technologie permet de mêler animation, vidéo et son, en favorisant l'interactivité avec l'internaute.

Exemple
Un *take over* peut dérouler une surface de 500 px de large pour 300 px de haut.

Le *pop-under* et le *site-under*

Le *pop-under* est une fenêtre qui s'ouvre automatiquement sous la page Web active et qui devient visible lorsque la fenêtre initiale est refermée. Quand le *pop-under* est de très grande taille, il s'agit d'un *site-under* qui donne accès à la page d'accueil de l'annonceur.

L'interstitiel

Cette pleine page de publicité s'affiche avant l'apparition de la page d'accueil du site, ou bien entre deux pages.

Exemple
Allocine.fr propose un interstitiel, qui apparaît avant la page d'accueil du site. Les studios de cinéma profitent de cet espace pour annoncer la prochaine sortie des nouveaux films.

Le *slide-in*

Ce format publicitaire se présente souvent en forme de rectangle. Il apparaît en glissant (le plus souvent) sur le côté gauche de la page et disparaît après quelques secondes d'affichage ou après que son bouton de fermeture a été actionné.

Exemple
Le *slide-in* se présente le plus souvent sous la dimension d'un rectangle médium, mais on peut également le mettre en place pour un *skyscraper* ou pour un autre format.

L'arche

L'annonceur prépare une image de grande dimension que le site support glissera en fond d'écran autour du contenu de son site (en page d'accueil ou en rubrique). L'arche est acheté au CPM ou pour une période donnée (souvent 24 h).

L'habillage de page

L'habillage de page concerne la page d'accueil d'un site. La publicité se compose d'une arche et au moins d'un autre élément publiciatire appartenant à la même campagne. Parfois, le site support propose de personnaliser les différents éléments graphiques propres au site (onglets des menus, etc.) selon les couleurs de l'annonceur. L'habillage de page est alors total.

Les formats audio et vidéo

À l'instar de Youtube, il est possible de placer une vidéo publicitaire dans une vidéo de contenu. Souvent, trois possibilités de visionnage du film publicitaire sont proposées :

– en pré-roll : le film publicitaire s'affiche avant la vidéo ;

– en mid-roll : le film s'affiche au milieu de la vidéo ;

– en post-roll : le film s'affiche après la vidéo.

La publicité sera forcément vue (du moins en pré-roll et en mid-roll).

Exemple
Cette technique est fréquemment utilisée par les sites de diffusion de musique en *streaming* qui proposent de placer un message publicitaire audio en pré-roll avant le morceau choisi par l'internaute.

Ce type d'insertion intrusive agace souvent les internautes et réduit la réceptivité au message.

POUR ALLER PLUS LOIN : L'APPRÉCIATION DES FORMATS

Format *Dimensions (px)*	**Créativité**	**Intrusivité**	**Impact**	**Coût CPM**
Bannière *468 × 60 px*	Faible	Faible	Faible	Affiliation*
Méga-bannière *728 × 90 px*	Moyenne	Faible	Moyen	Moyen
Giga-bannière *1 000 × 90 px*	Élevée	Moyenne	Élevé	Élevé
Masthead *1 000 × 250 px*	Élevée	Élevée	Élevé	Élevé
Skyscraper *120 × 600 px*	Faible	Faible	Moyen	Moyen
***Méga*-skyscraper** *160 × 600 px*	Moyen	Faible	Moyen	Moyen
Bannières petits formats et boutons *Différentes tailles*	Très faible	Très faible	Très faible	Affiliation*
Rectangle médium *300 × 250 px*	Élevée	Moyenne	Moyen	Moyen
Grand angle *300 × 600 px*	Élevée	Élevée	Élevé	Élevé
Expand *Différentes tailles*	Très élevée	Très élevée	Très élevé	Très élevé
Push down *Différentes tailles*	Très élevée	Très élevée	Très élevé	Très élevé
Corner ad *Différentes tailles*	Très élevée	Très élevée	Très élevé	Très élevé
Take over *Différentes tailles*	Très élevée	Très élevée	Très élevé	Très élevé
Pop-under *et* **site-under** *Différentes tailles*	Moyenne	Moyenne	Moyen	Faible
Interstitiel *Pleine page*	Très élevée	Très élevée	Très élevé	Élevé
Slide-in *Souvent 300 × 250 px*	Élevée	Élevée	Moyen	Moyen
Wall paper *Fond de page*	Élevée	Faible	Très élevé	Très élevé ou forfait

* La bannière 468 × 60 et les bannières de petits formats ne sont plus utilisées pour le *branding* en raison de leurs faibles surfaces. Elles servent donc uniquement comme supports lors des campagnes d'affiliation.

Réussir sa campagne de publicité en ligne

La publicité graphique (bannières) sur Internet est vue en moyenne par 3 internautes sur 5, qui y consacrent environ 10 % de leur temps de navigation. La publicité représente environ un quart des investissements *on-line*.

Les différents types de bannières

La fonction d'une bannière

Une bannière publicitaire a pour objectif de promouvoir un produit ou un service, en permettant à l'internaute qui clique dessus de se rendre directement sur le site Internet de l'annonceur. En plus d'attirer des visiteurs vers les sites des annonceurs, les bannières permettent aussi d'entretenir leur notoriété. Elles sont de plusieurs types.

Les bannières simples

– Bannière GIF simple : c'est une simple image permettant de basculer vers le site de l'annonceur. Son intérêt réside dans sa légèreté (poids du fichier), qui permet un affichage rapide, ce qui est primordial sur les pages où l'on sait que l'internaute reste peu de temps.

– Bannière GIF animée : ici, il faut veiller à ce que le fichier ne soit pas trop lourd et ne mette pas trop de temps à s'afficher. L'animation permet de capter l'attention du visiteur plus efficacement que le GIF non animé et elle permet de fournir plusieurs informations.

– Bannière HTML5 : pendant de nombreuses années, le format Flash (de l'éditeur Adobe) a dominé le marché, en étant le standard. N'étant pas supporté par Apple et le navigateur Chrome de Google, il est voué à disparaître. Il est remplacé par le format HTML5, moins gourmand en ressources (CPU et batterie notamment) et qui présente l'avantage de gérer le *responsive design* et de fonctionner sur tous les navigateurs mobiles.

– Bannière rotative : les bannières de différents annonceurs se succèdent les unes après les autres. Cela rappelle les panneaux d'affichage en 4 × 3 où se succèdent plusieurs publicités. Cette animation permet d'attirer l'attention du visiteur.

– Bannière interstitielle : cette bannière interrompt la consultation de l'internaute en faisant apparaître une annonce qui occupe tout l'écran ou une grande partie de la fenêtre pendant quelques secondes. Il est à noter que ce type de bannière est intrusif.

– Bannière *pop-up* : elle fait apparaître une fenêtre supplémentaire au-dessus de celle visitée par l'internaute. Cette bannière est également considérée comme intrusive.

Les bannières complexes

– Bannière HTML : elle permet à l'internaute de faire un choix dans un menu déroulant intégré dans la bannière. Selon le choix, le renvoi sur la page de l'annonceur est différent.

Exemple
Si l'internaute sélectionne un livre, il sera dirigé vers la page qui traite des ouvrages ; s'il sélectionne un DVD, il sera redirigé vers une page traitant de ce produit.

– Bannière DHTML : ce langage permet, par exemple, de rendre une publicité toujours visible en la faisant se déplacer en même temps que l'internaute dans la page. C'est ce que l'on appelle le *floatting ads*. Ce type de bannière est intrusif pour l'internaute.

– Bannière e-mail : cette bannière laisse un espace à l'internaute pour saisir son adresse e-mail et ainsi recevoir de la documentation ou s'inscrire à une *newsletter*. Ce type de bannière est recommandé pour accroître sa base de données e-mails.

– Bannière *rich media* : ces bannières font appel à du son et de la vidéo et disposent donc d'une efficacité promotionnelle beaucoup plus élevée que les bandeaux traditionnels. Le format *rich media* sort du cadre de la publicité *stricto sensu* car des bandeaux peuvent devenir de véritables sites marchands. Ce sont de véritables minisites.

Le ciblage

L'importance du ciblage

En moins de dix ans, le taux de clic sur les bannières publicitaires est passé de 1 % à environ 0,2 %. Éviter l'audience inutile est important pour avoir un bon retour sur investissement (ROI). En effet, une campagne mal ciblée générera peu de profits, d'autant que ces profits seront « cannibalisés » par le coût d'une campagne qui n'aura pas été amorti par les ventes. Un ciblage pertinent est donc l'une des clés de succès.

Le ciblage généraliste

Un ciblage généraliste est adapté pour une campagne de communication qui vise à toucher le plus grand nombre possible d'internautes, soit une cible large et hétérogène. On ciblera les sites de type portails généralistes, annuaires et portails de fournisseurs.

Exemple
Les campagnes *display* ont pour objectif de développer une image de marque, comme L'Oréal l'a fait sur les portails Yahoo!, Orange ou Free...

Le ciblage selon la nature du site

Faire de la publicité sur des sites Internet traitant une thématique particulière permet un ciblage beaucoup plus fin qui agira positivement sur le taux de clic, car le message est pertinent par rapport à la cible.

Exemple
Une marque d'informatique communiquera sur des sites traitant d'informatique comme 01net.com, ZDNet.fr, ITespresso.fr...

Le ciblage contextuel selon l'événement

L'élément discriminant pour le ciblage peut aussi être le moment de la diffusion. Les entreprises ayant des ventes saisonnières peuvent recourir à ce type de campagne.

Exemple
Un fabricant de jouets diffusera ses bannières avant Noël. Un vendeur de feux d'artifice diffusera ses bannières avant le 14 juillet et avant le réveillon du jour de l'an.

Le ciblage selon le contenu

Les bannières se positionnent à côté d'un contenu éditorial et le renforcent en proposant des offres commerciales liées à ce contenu.

Exemple
S'il traitait un sujet particulier comme « Comment maigrir avant l'été ? », le site du magazine *Glamour* pourrait diffuser des publicités qui vanteraient les effets d'un produit amincissant.

Le ciblage comportemental

Ce ciblage permet de personnaliser les contenus publicitaires en fonction des internautes et de leurs centres d'intérêt. À l'aide de *cookies*, on compare l'activité d'un internaute en train de naviguer avec des parcours de navigation antérieure.

> *Exemple*
> Un internaute qui consulte des sites de constructeurs de motos et des vidéos de courses de motos sur YouTube verra apparaître sur d'autres sites des publicités proposant l'achat de billets pour les 24 Heures du Mans. (➤ POUR ALLER PLUS LOIN)

Le ciblage par le protocole IP

L'affichage de la bannière dépend de l'adresse IP de l'internaute, permettant de la faire varier selon la nationalité (ciblage géomarketing), le système d'exploitation, le navigateur ou la dimension de l'écran de l'internaute.

> *Exemple*
> Un constructeur d'écrans pourra adapter son message publicitaire en proposant à l'internaute une promotion pour faire passer son écran d'un 15" à un 17".

Les règles à respecter

Ne pas lier les bannières à la page d'accueil

Il ne faut pas lier les bannières à la page d'accueil mais à la page conçue pour un produit en particulier, y compris lorsqu'on fait du ciblage généraliste. Il faut alors concevoir une page dédiée avec les meilleures offres du moment. Le nombre de pages vues suite à un clic sur une bannière étant faible, il faut être extrêmement impactant pour transformer le clic en vente.

Être efficace

Sur Internet, tout est question de fractions de seconde pour attirer l'attention d'un internaute. Il faut pour cela que la bannière dispose d'un contenu simple, court et attractif et que le fichier ne prenne pas trop de temps à s'afficher et puisse ainsi être vu. Un fichier complet mais trop lourd sera peut-être ce qui se fait de mieux graphiquement et techniquement, mais il ne sera vu par personne !

Être visible

Des couleurs vives ont souvent plus de résultats que les couleurs pastel. Il faut également préférer les bannières animées aux bannières statiques. La création graphique doit être fortement attractive et inviter l'internaute à l'interaction.

Être nominatif

Il ne faut jamais oublier d'inscrire le nom de la marque. L'une des premières questions que l'internaute se pose est « Qui me parle ? ». Il ne cliquera pas forcément sur la bannière, mais cela permet d'accroître la notoriété de l'annonceur.

Être inventif

Pour optimiser ses chances, l'annonceur ne doit pas hésiter à être inventif. Tout le talent du commercial ou du marketeur est là.

> *Exemple*
> Il est possible d'inclure du gratuit : un conseil, la livraison, un cadeau, un catalogue...

De plus, il faut savoir renouveler régulièrement ses bannières : la lassitude sur Internet est beaucoup plus forte que sur les autres médias.

Être réaliste

Disposer d'une bannière interactive permettant une expérience utilisateur avancée est ce qui se fait de mieux. Mais cela nécessite de longs développements coûteux et des technologies dont les internautes ciblés ne disposent peut-être pas. Le choix d'une technologie adaptée et d'un type de bannière efficace est important.

La mesure de la campagne

Les trois indicateurs à suivre

La mesure de la campagne est liée aux différents modes de facturation d'une campagne de communication *on-line* :

– le CPM (coût par mille) : il s'agit d'une somme fixe, qui peut être extrêmement variable, à payer pour 1 000 affichages (ou « impressions », dans la terminologie marketing) de la bannière. À cette notion est souvent liée celle de *capping*, qui est une limitation du nombre d'affichages de la bannière par internaute et par jour ;

– le CPC (coût par clic) : chaque fois qu'un internaute clique sur une bannière, l'annonceur paye une somme définie ;

– le CPA ou CPL (coût par action ou coût par *lead*) : l'annonceur ne paye que lorsque l'internaute a cliqué sur la bannière puis a effectué une action sur son site Web (achat, demande de devis…).

Ces trois indicateurs répondent souvent à des objectifs très différents :

– le CPM : augmenter sa visibilité et sa notoriété ;

– le CPC : acquérir du trafic qualifié ;

– le CPA/CPL : limiter l'investissement publicitaire.

Le retour sur investissement

L'indicateur ultime pour mesurer l'efficacité d'un investissement marketing en termes de rentabilité est le ROI (*return of investment*) ou RSI en français (retour sur investissement). Il se calcule ainsi : ROI = Résultat net / Investissement.

Le calcul du ROI pour les campagnes de publicité sur Internet n'est pas calculé uniquement selon la rentabilité financière mais également selon la visibilité de la campagne auprès des internautes, valorisée en euros : ROI = Visibilité de la campagne / Budget de la campagne.

POUR ALLER PLUS LOIN : LE *RETARGETING* OU RECIBLAGE

Cette technique, souvent associée au ciblage comportemental, provient du constat que la répétition du message augmente le taux de transformation. Il répond également à la forte procrastination (remettre au lendemain ce que l'on pourrait faire le jour même) du consommateur, qui se traduit dans les faits par des ventes qui ne se réalisent pas.

Exemple

Un internaute qui aura visité le site d'une entreprise ne va pas forcément se transformer immédiatement en acheteur. Dans les 30 jours qui suivent, il verra des publicités pour cette entreprise sur d'autres sites Internet, publicités faisant la promotion des produits auxquels l'internaute s'était intéressé. Cette méthode est un peu intrusive mais particulièrement efficace.

Fidéliser avec l'e-mailing et les SMS

L'acquisition de clients est souvent l'apanage du référencement, du *netlinking*, de l'affiliation et du *display*. Mais la rentabilité d'un site Internet se joue aussi sur la fidélisation de la clientèle, qui, par nature, est volatile.

L'e-mailing

Définition

Le mailing (ou publipostage) est un terme marketing qui désigne un envoi massif d'informations et de prospectus à caractère commercial par voie postale. L'e-mailing est son équivalent *on-line*.

Avantages

Comparé au classique mailing postal, l'e-mailing présente plusieurs avantages : il est moins coûteux, plus rapide à mettre en œuvre et permet un suivi des résultats (*tracking*) très précis et une analyse fine du comportement des destinataires.

Exemple
Il est impossible de dire si le destinataire d'un prospectus papier a lu l'intégralité du document ou combien de temps il a passé à le lire. Cela est possible avec l'e-mailing.

Les clés pour un e-mailing réussi

Sortir du lot

Avec en moyenne 280 e-mails (professionnels et personnels) reçus chaque semaine, les internautes français sont littéralement submergés par l'e-mailing. Pour réussir à concrétiser les actions en ventes et éviter le désabonnement, il faut donc être pertinent et créatif, et ne pas multiplier excessivement les envois.

Bien cibler

Pour bien cibler son e-mailing, il faut :

– nettoyer régulièrement sa base de données pour éviter les envois inutiles et veiller à remplir correctement les items ;

Exemple
La première chose que le destinataire va lire est son nom. Si le nom est mal orthographié ou si « Monsieur » apparaît au lieu de « Madame », cela n'incitera pas à ouvrir l'e-mail.

– adapter le contenu des envois aux destinataires ;

Exemple
Il ne faut pas envoyer une offre de lingerie féminine à un homme.

– segmenter ;

Exemple
La segmentation RFM (récence, fréquence, montant) utilisée en marketing direct par les VADistes (vendeurs à distance) est efficace pour segmenter sa base e-mailing et déterminer ainsi ce qui doit être envoyé, à qui et quand.

– envoyer au bon moment.

Exemple
L'envoi d'une offre professionnelle à la veille d'un week-end ne donnera aucun résultat.

Bien écrire

La qualité de la rédaction contribue aussi à la réussite d'un e-mailing. À ce niveau, il faut :

– personnaliser l'envoi : il s'agit de créer une proximité avec le destinataire de façon à lui faire « oublier » que l'e-mail est reçu aussi par des milliers d'autres. La personnalisation joue sur l'acceptation du e-mailing et rend la campagne plus efficace : le taux de désabonnement reste peu élevé et les retours sont plus nombreux ;

– être créatif et soigner la forme : cela permet de sortir du lot des 280 e-mails reçus chaque semaine ;

– soigner le fond : un e-mail au design efficace mais vide de sens ne donnera aucun résultat car il n'apporte rien au destinataire ;

– être concis et lisible : un e-mailing « verbeux » sera contre-productif, car l'internaute n'y consacre que quelques secondes. L'objectif est de le pousser à cliquer sur le site de l'entreprise, ce qu'il fera s'il souhaite obtenir davantage d'informations. Il faut donc qu'il puisse savoir d'emblée qui lui parle, de quoi on lui parle, et ce qu'il doit faire ;

– soigner l'objet : c'est l'objet qui pousse à ouvrir l'e-mail ou bien à le mettre directement à la poubelle ; il est donc important d'y réfléchir longuement ;

– respecter le destinataire : la possibilité de désabonnement doit rester facilement accessible et il ne faut surtout pas la cacher ; le destinataire qui ne parvient pas à se désabonner risque de s'énerver rapidement, ce qui peut l'entraîner à passer au mode conflictuel.

S'assurer que les destinataires reçoivent l'e-mailing

Avant de l'envoyer, il faut s'assurer que l'e-mail sera bien reçu. Cela implique de :

– choisir une plate-forme de diffusion professionnelle pour ne pas finir en e-mail indésirable et être sûr que le message sera bien reçu par le destinataire ;

Exemple
Mailjet, Sendinblue, NP6, Smart Focus ou Sarbacane sont quelques-unes de ces plateformes professionnelles.

– vérifier ce qui apparaîtra sur l'écran du destinataire : quelle que soit la messagerie du destinataire, la taille de son écran, etc., il faut s'assurer que l'e-mail s'affichera bien tel qu'il a été créé. Il faut également envisager la possibilité que le destinataire ait désactivé l'affichage des images dans sa messagerie, donc éviter les e-mails composés uniquement d'images ;

– veiller à ne pas être spammé : pour cela, il faut éviter d'écrire tout en majuscules, de répéter les mots, ou d'utiliser immodérément certains signes de ponctuation ;

Exemple
Il ne faut pas charger l'e-mail avec des « !!!! » ou des « ??? ».

– respecter une fréquence décente : la saturation des messageries est l'une des principales causes de désabonnement et de baisse des rendements ;

– être à l'écoute : réaliser un questionnaire de temps en temps, demander à un internaute s'il souhaite continuer à recevoir une *newsletter* et à quelle fréquence permet de limiter les désabonnements (les résultats le prouvent) ;

– tester ses campagnes : envoyer deux versions du même e-mailing à deux échantillons représentatifs permet de disposer de retours sur les deux variantes et de choisir celle qui donnera les meilleurs résultats pour l'envoyer à l'ensemble de la cible. C'est ce que l'on appelle le *split testing* ou le *A/B testing*.

Analyser et corriger

Il faut prendre le temps de réaliser une analyse pointue des statistiques (taux d'ouverture, taux de clic…) pour identifier les thématiques qui fonctionnent le mieux et les objets qui sont les plus percutants, et améliorer ainsi au fur et à mesure le contenu et le ciblage.

Les SMS

Définition

Le service de messagerie SMS (*short message service*) permet l'envoi et la réception de message texte (ou « texto ») d'un téléphone à un autre. Le SMS est à l'e-mailing ce que le microblogging est au blog : la version courte.

> *Exemple*
> Twitter est limité à 280 caractères alors que le blog permet d'écrire – théoriquement – sans fin. De même, le SMS est limité à 140/160 caractères alors que l'e-mailing permet d'écrire – théoriquement – sans fin.

Le SMS dispose de deux variantes :

– l'EMS : c'est un SMS dans lequel on peut ajouter des images et du son ;

– le MMS : plus évolué que l'EMS, il permet d'envoyer des photos, de la musique et des images animées. (➤ POUR ALLER PLUS LOIN)

Les applications des SMS

Les applications des SMS sont multiples :

– le vote : l'utilisateur envoie un message en réponse à une question, posée soit par SMS soit par un autre média (TV, presse…). Cela permet de générer des revenus complémentaires (le SMS étant surtaxé), de créer une proximité et une interactivité avec le consommateur, et est vecteur de modernité pour l'annonceur ;

– le micropaiement : certains sites utilisent le SMS comme moyen de paiement (la somme ne doit pas excéder 10 ou 20 € selon l'opérateur). Cela permet de disposer d'une alternative au micropaiement *via* PayPal par exemple ;

– le microsondage : le SMS permet de disposer d'un autre canal pour obtenir des retours concernant un service ou un produit. Naturellement, un sondage par SMS doit être court.

Les clés pour un SMS réussi

En envoyant un SMS, on entre dans la sphère privée du destinataire. Pour que la campagne soit efficace, quelques règles simples doivent être respectées :

– ne pas écrire en « langage SMS » : il est indispensable d'écrire dans un français correct. L'intrusion dans la sphère privée du consommateur est déjà beaucoup, il ne faut pas y ajouter le mélange des genres en pratiquant l'écriture SMS, même si on cible une population jeune ;

– être identifiable sans ambiguïté : il faut que le destinataire sache qui lui adresse le message. La peur de la fraude est très forte sur la téléphonie : il ne faut pas la cultiver ;

– être percutant et efficace : puisqu'on dispose de seulement 140/160 caractères, le destinataire doit pouvoir comprendre rapidement et de manière lisible de quoi on lui parle et ce que l'on attend de lui ;

– cibler : comme pour l'e-mailing, rien de pire que le marketing de masse avec cet outil. Il est nécessaire de personnaliser le message en *one to one* : un message pour un destinataire ;

– envoyer le SMS au bon moment : pour être lu et ne pas agacer le destinataire, il ne faut pas envoyer un SMS en pleine nuit.

POUR ALLER PLUS LOIN : L'USAGE DU SMS EN MARKETING

Plus de 80 % des Français envoient des SMS et le taux de lecture frôle les 95 % : le SMS est devenu le nouveau « saint Graal » des marketeurs. Cependant, l'expérience appelle à la plus grande prudence : on sait que trop d'e-mails tuent l'e-mail, par conséquent, trop de SMS risquent de tuer le SMS... Un SMS non sollicité est pire encore qu'un e-mail non sollicité, car il est vécu comme intrusif par le destinataire.

Même si de nombreuses expériences ont été menées avec succès pour la prospection, cet outil est idéal pour fidéliser la clientèle. De plus, si le marketing de fidélisation est toléré par les opérateurs téléphoniques, ces derniers sont en revanche très regardants en matière de marketing d'acquisition. Cela limite l'usage principalement à la fidélisation.

Exemple

Un client qui a passé une commande reçoit des SMS l'informant du suivi : « Votre commande est en préparation », « Votre commande est en cours de livraison », « Voici votre numéro de suivi de la livraison »... Cet usage du SMS est très efficace, car cela donne une image de modernité (la téléphonie mobile est dans l'air du temps) et d'efficacité (le commerçant tient sa promesse de livraison et tient son client informé).

Animer son site avec les jeux en ligne et le *buzz*

Un site Internet doit être animé. Pour attirer les internautes, plusieurs types d'opérations marketing peuvent être mises en œuvre, comme les jeux en ligne (*advergaming*) ou les opérations de *buzz marketing*.

Les jeux en ligne ou *advergaming*

Définition

L'*advergaming* consiste à scénariser dans un jeu les produits d'une marque. Le scénario, l'environnement graphique et les personnages doivent mettre en scène l'image, les valeurs, les messages et les produits de la marque. L'*advergaming* a des effets sur l'attitude des consommateurs envers la marque, les intentions d'achat et la préférence de marque.

L'*advergaming* est ce que l'on appelle un *serious game* (jeux sérieux) : le jeu en ligne s'écarte ici du seul divertissement pour en faire un puissant outil de communication. (➤ POUR ALLER PLUS LOIN)

L'intérêt des jeux en ligne

Des études ont montré qu'un internaute qui navigue sur Internet ou joue aux jeux vidéo est dans un état de grande réceptivité aux images et messages qu'il rencontre. La mise en place de jeux en ligne permet de garder l'internaute dans une boucle publicitaire ininterrompue. Les aspects immersif, interactif et ludique sont des atouts importants pour créer un lien privilégié avec sa cible. Le consommateur étant captif, il est beaucoup plus réceptif aux messages publicitaires.

De plus, face à une surexposition du consommateur à la publicité (ce que l'on appelle le *banner blindness*), l'*advergaming* permet de capter l'attention de l'internaute sur son produit ou sa marque.

Les objectifs des jeux en ligne

Les objectifs des jeux sont nombreux et variés.

Exemples
Le marketing des jeux permet de faire la promotion d'un produit ou d'un service de manière ludique, de se constituer ou de qualifier une base de données, de générer du trafic sur le site, de développer sa notoriété, d'expliquer comment utiliser un produit...

Le *buzz marketing*

Définition

Le *buzz marketing* (ou marketing viral) est la version *on-line* de l'ancestral « bouche à oreille ». Le *buzz* est une forme de publicité interactive dans laquelle le consommateur contribue à diffuser le message. La différence avec le bouche à oreille est que la vitesse de propagation sur Internet est bien supérieure.

Par ailleurs, le *buzz marketing* ne repose pas seulement sur la diffusion du message par les internautes : il implique aussi que la démarche marketing vise à provoquer et à amplifier le *buzz*.

L'intérêt du *buzz*

La vocation d'Internet est la diffusion rapide et décentralisée d'une information. Avec une campagne de *buzz*, une marque peut se faire connaître très rapidement.

Partant du principe qu'un client satisfait par un produit ou service en parle à trois personnes autour de lui, le *buzz marketing* est un véritable levier. D'autant plus que ce n'est pas la marque qui en est le diffuseur mais un internaute, ce qui augmente sa valeur dans l'esprit du destinataire. Dernier avantage et non des moindres : l'internaute étant le principal diffuseur de l'information, le coût du *buzz* est moindre que celui d'une publicité.

Les objectifs du *buzz*

Le *buzz marketing* permet de faire la promotion à moindre coût de sa marque ou de ses produits, de disposer d'articles chez les influenceurs (généralement les bloggeurs), de disposer de retombées dans les médias traditionnels et d'améliorer son référencement. De plus, l'internaute étant acteur (puisqu'il diffuse le message), il ne ressent pas la surexposition publicitaire.

> *Exemple*
> Les sites comme YouTube ont multiplié les vidéos présentant diverses expériences de mélange de Coca-cola et de Mentos (le mélange provoque un « geyser »). Ces vidéos ont été vues des millions de fois et ont constitué une formidable publicité pour les deux marques. Ainsi, Mentos, peu connu aux États-Unis, y a fortement développé sa notoriété. Les deux entreprises ont vite compris l'intérêt de ce *buzz* et ont repris les choses en main ; ainsi, Coca-cola a organisé, *via* un site dédié, des concours de « geysers ».

Le *bad buzz*

Le *buzz marketing* s'appuie sur le fait que chaque internaute « infecté » par un message devient à son tour vecteur du message vers d'autres internautes. Cela peut poser problème pour la marque au cœur du *buzz*, car celle-ci n'est plus le diffuseur unique du message, lequel risque donc subir une altération. Pire, la marque peut assister à la diffusion de la critique du message plutôt qu'à la diffusion du message lui-même. L'entreprise peut également être victime d'un *bad buzz* : sans avoir cherché à faire du *buzz*, un message critique qu'elle ne contrôle absolument pas peut être diffusé à son insu.

> *Exemple*
> Le fournisseur d'électricité Poweo avait voulu utiliser l'image du rugbyman Sébastien Chabal dans une publicité télévisée. Ce dernier, représenté en personnage de dessin animé, montrait qu'il tirait son énergie d'une prise électrique. Un *bad buzz* a alors déferlé sur Internet à l'encontre de Poweo, car la publicité avait été perçue comme irresponsable en présentant un geste dangereux.

POUR ALLER PLUS LOIN : LE JEU EN RÉALITÉ ALTERNÉE

L'ARG (*alternate reality game*) est ce qui se fait de mieux en *advergaming*. L'intérêt du jeu en réalité alternée est de se déployer à la fois en ligne et dans la vraie vie. Ce peut être une chasse au trésor sous la forme d'un jeu de piste utilisant le multicanal : e-mail, médias sociaux, téléphone, SMS, forums, courriers postaux, sites Internet, journaux...

Exemple
SFR, partenaire de l'événement culturel Lille 3000, a réalisé avec son site canyoustopit.fr un jeu en réalité alternée. L'internaute découvre des images de Lille dévastée par une catastrophe et doit sauver la ville. Il doit récolter des indices et résoudre des énigmes à partir du site Web, mais aussi en recueillant des informations dans les journaux, sur des forums et dans le monde réel.

Mettre en place un programme de fidélisation

Le nombre d'internautes « acheteurs » est de plus en plus important. De nombreux sites Internet ne voient pas dans la fidélisation un objectif principal. Pourtant, fidéliser un client est beaucoup plus rentable que d'en acquérir un nouveau.

Les préalables au programme de fidélisation

La connaissance du client

C'est une règle de base : sans la connaissance du client, il n'y a pas de fidélisation possible. Comprendre les motivations et le comportement de ses clients est le préalable indispensable à toute action de fidélisation. La clé d'un programme de fidélisation réussi est donc de connaître, pour chaque client :

– ses achats ;

– ses déclencheurs ;

Exemples
Liens sponsorisés, e-mails, display, etc.

– ses stimuli ;

Exemples
Bon de réduction, offre promotionnelle, livraison gratuite, etc.

– son moyen de paiement.

Exemples
Chèque, Carte Bleue, PayPal, etc.

(➤ POUR ALLER PLUS LOIN)

La personnalisation de la relation

Tout doit être mis en œuvre pour que le client se sente considéré comme un individu unique. Pour cela, toutes les communications qui lui sont adressées et tous les outils qui sont mis à sa disposition doivent être personnalisés.

Exemple
On peut réaliser des offres sur mesure, mettre à disposition des espaces communautaires, un espace client où ce dernier retrouvera ses informations personnelles, ses historiques d'achats, de facturation, de livraison…

Les outils de fidélisation

L'e-mail

L'e-mail est un outil efficace pour maintenir la relation avec sa clientèle à différents niveaux. Il permet de :

– communiquer auprès de sa clientèle sur la complémentarité d'une offre par rapport à un précédent achat ;

Exemple
On pourra envoyer un e-mail à un client qui a acheté une imprimante pour lui proposer des cartouches d'encre.

– de rassurer le client dans sa démarche d'achat.

Exemple
Un e-mail confirmant que la commande a bien été prise en compte ou que le produit est en cours de livraison est un élément fortement fidélisant.

On peut aussi, *via* l'e-mail d'alerte, tenir le client informé sur une nouveauté, une baisse de prix ou encore sur la disponibilité effective d'un produit.

● La carte de fidélité et les Miles

Le principe de la carte de fidélité est simple : plus le client achète de produits, plus il cumule de points lui permettant de profiter de divers avantages.

Exemples
Remise, réduction, cadeau, chèque cadeau, don à une association, etc.

Sur Internet, une solution simple est de rejoindre un programme propriétaire de type Maximiles, Mouvango ou Accentiv'. L'avantage pour les clients est qu'ils peuvent cumuler des points en achetant sur tous les sites partenaires du programme de fidélité. L'avantage pour le commerçant est qu'il peut profiter des autres enseignes membres pour recruter de nouveaux clients.

● Le *cashback*

Le *cashback* est un système qui propose à l'internaute d'effectuer ses achats chez certains e-commerçants *via* une plateforme spécialisée. Le commerçant reverse à la plateforme une commission pour chaque achat effectué grâce à elle, commission que la plateforme reverse partiellement à l'internaute sous forme de *cashback*.

Exemple
Parmi les plates-formes spécialisées, on peut citer Cashstore, Fabuleos, iGraal, Mailorama, eBuyClub ou Webloyalty.

Attention toutefois à ne pas cultiver les clients « chasseurs de primes » !

● Les autres outils traditionnels

Les outils de fidélisation du commerce traditionnel peuvent être repris sur Internet. Citons à cet égard :

– les chèques cadeaux (qui peuvent être virtuels) ;

– les bons de réduction (qui peuvent être présentés sous forme de code de réduction) ;

– les clubs utilisateurs : le principe est de proposer aux très bons clients de contribuer au développement de l'entreprise. Cela permet de transformer le client en ambassadeur de l'entreprise et de le fidéliser.

Pour aller plus loin : le questionnaire de satisfaction

Il faut interroger régulièrement sa clientèle pour connaître son avis et évaluer son expérience client. Cela évite les *a priori* et, surtout, les erreurs dues à une méconnaissance de sa clientèle. Les questionnaires permettent de compléter les informations sur les données d'achats et de prioriser les actions.

Exemple
Les clients préfèrent-ils un programme de fidélisation par points ? un espace VIP ? des chèques cadeaux ? des remises ?...

Tirer parti des réseaux sociaux

Les réseaux sociaux offrent de réelles opportunités aux entreprises pour promouvoir leur activité, trouver de nouveaux contacts, détecter les tendances… Comment profiter de ces réseaux ? Lesquels choisir ?

Les réseaux professionnels

Le fonctionnement

Globalement, les réseaux sociaux professionnels fonctionnent tous de la même façon : on crée un profil en indiquant des informations personnelles, puis on invite les membres de nos réseaux réels à nous rejoindre. On peut également rechercher sur le réseau quels sont les membres déjà inscrits que l'on connaît ou avec lesquels on aura intérêt à entrer en relation. Chaque membre procédant de même, le réseau de connaissances, directes et indirectes, s'étoffe régulièrement.

Les principaux réseaux

LinkedIn a une audience internationale. Il recense plus de 106 millions de membres. C'est le réseau à privilégier si on souhaite prospecter à l'international.

Pour les francophones, Viadeo a longtemps offert une alternative mais son audience s'est considérablement effritée au cours des dernières années.

L'utilisation des réseaux

Ces réseaux professionnels sont bien adaptés pour la recherche de compétences, de partenariats, de débouchés ou de fournisseurs. Ce sont aussi des lieux intéressants pour pratiquer des échanges de toutes sortes, amorcer une veille technologique ou diffuser des communiqués de presse. Ces réseaux offrent la possibilité de créer ou de participer à des groupes thématiques, même si la tendance actuelle pour les entreprises est d'utiliser des réseaux généralistes, Facebook ou autres, pour communiquer avec leurs clients et promouvoir leurs produits.

Les réseaux généralistes

Facebook

Quelques chiffres suffisent à illustrer l'importance de Facebook : 2,9 milliards d'utilisateurs début 2022 (40 millions en France). Un membre sur deux se connecte chaque jour. Facebook, c'est un ensemble de profils mais ce sont aussi des groupes : chacun (individu ou société) peut créer son groupe ou sa page, permettant l'intégration d'applications intéressantes (des votes par exemple).

Instagram

Imaginé pour la diffusion d'images, Instagram est de plus en plus utilisé par les entreprises séduites par la moyenne d'âge assez basse des utilisateurs. Les deux tiers ont moins de 35 ans. C'est aussi l'un des réseaux préférés des influenceurs.

Twitter

Communiquer avec 280 caractères au maximum, tel est le *credo* de Twitter. Si beaucoup d'entreprises restent sceptiques sur son usage, c'est un réseau à ne pas négliger qui permet de passer des annonces en temps réel. Par ailleurs, les textes courts offrent l'avantage d'être bien adaptés aux portables. Enfin, Twitter est facile à mettre à jour automatiquement, à partir d'une base de données, d'un intranet ou d'un site Web.

Pinterest

Pinterest est un réseau un peu à part. Son objectif n'est pas de proposer un autre mode d'échanges entre membres mais de mettre en avant des produits ou images autour de thématiques. Un internaute peut ainsi collecter les photos de ses recettes préférées ou de lieux insolites dans le monde.

Cette spécificité fait de Pinterest un réseau que les entreprises oublient souvent. Pourtant, sa croissance est forte. Créé en 2009, il comptait, fin 2021, environ 450 millions d'utilisateurs dans le monde, dont 10 millions en France.

Exemple
Une librairie en ligne pourra avantageusement mettre en avant sa sélection de livres.

YouTube

Racheté par Google, YouTube est dédié à la diffusion de vidéos. De nombreuses sociétés utilisent ce média pour diffuser des informations : bande-annonce présentant un nouveau produit, interviews, dossiers et même les traditionnels vœux de nouvel an.

Exemples
Rue89, Mediapart, France Inter... Les sites d'informations utilisent abondamment YouTube. La plupart de leurs vidéos sont vues quelques milliers de fois. C'est un bon exemple de marketing viral.

L'animation des réseaux

Occuper le terrain

Même les entreprises les moins convaincues de l'intérêt des réseaux sociaux devraient s'y intéresser, ne serait-ce que pour occuper le terrain. La première tâche à accomplir est de « réserver » son nom, pour éviter qu'il ne soit pris et utilisé par d'autres. C'est un premier pas pour contrôler son identité numérique.

Consacrer du temps

L'animation d'un réseau peut s'avérer chronophage. Il est difficile d'y consacrer moins d'une à deux heures par semaine et par réseau. Car un réseau sans activité est un réseau qui meurt.

Un cybermarchand peut doper facilement ses réseaux en proposant des offres exclusives ; les membres auront ainsi le sentiment d'être traités en VIP (*very important person*).

Sur les réseaux, les messages ont une durée de vie très éphémère. Ils sont vite « poussés » par de nouveaux messages. Sur Facebook, par exemple, plus de 20 milliards de messages sont postés chaque jour. Si l'on poste plusieurs messages par jour, mieux vaut donc les répartir dans la journée plutôt que de poster en une seule fois.

Créer de nouveaux métiers dédiés

La croissance soutenue des réseaux sociaux s'accompagne de l'apparition de nouveaux métiers : SMO (*social media optimisation*) ou *community manager* (gestionnaire de communautés). Leurs principales fonctions sont de faire parler de la marque ou de l'entreprise. Ils sont aussi chargés de veiller à ce que « l'identité numérique » sur le Web soit positive. Ces profils ont une formation marketing ou journalistique.

La communication sur les réseaux

Définir sa stratégie d'information

Communiquer sur les réseaux implique de définir une stratégie. L'entreprise doit communiquer dans un objectif précis et adapter sa communication. (➤ POUR ALLER PLUS LOIN)

Exemple
Les objectifs sont divers : connaître ses clients, promouvoir ses produits, améliorer son image de marque ou sa visibilité sur le Web... Ils ne sont pas nécessairement commerciaux : une entreprise peut aussi utiliser les réseaux pour recruter ou trouver des compétences.

Offrir de l'information

Dans tous les cas, les interventions sur les réseaux doivent être informatives et pas uniquement commerciales. Sur les réseaux professionnels, une bonne pratique consiste à rédiger des interventions susceptibles d'intéresser les membres et de placer un éventuel lien vers son site au bas du texte. Pour les réseaux grand public, il faut privilégier les textes courts offrant une information, même si elle est commerciale (bon de réduction, promo...). Il ne faut pas oublier de répondre aux interventions, surtout si elles sont négatives.

Il faut garder en tête que les utilisateurs fréquentent les réseaux sociaux principalement pour échanger avec d'autres membres et non pour consommer.

Définir ses priorités

Le nombre de réseaux sociaux est trop important pour que l'on puisse tous les exploiter. Mieux vaut consacrer son temps à animer un réseau, voire deux, que de vouloir être présent partout. Pourquoi ? Simplement parce que les réseaux sociaux ne sont profitables que si l'on agrège une communauté importante. Et cela demande du temps.

Diffuser des événements

Les réseaux sociaux offrent tous la possibilité d'annoncer un événement.

Exemples
Salon, rencontre, débat, présentation, journée portes ouvertes...

En moins d'une minute – le temps de la saisie –, l'annonce de l'événement est disponible dans tous les tableaux de bord des membres du groupe. Pour améliorer la diffusion, cet événement peut s'accompagner d'invitations. Les membres du groupe reçoivent alors l'information dans leur boîte aux lettres.

Étant donné la multitude d'événements annoncés, la visibilité est souvent éphémère mais peut ramener quelques dizaines de contacts, voire quelques centaines si le groupe est important.

Créer des groupes thématiques

Créer ou participer à des groupes thématiques permet de « recruter » naturellement ceux qui sont intéressés par la thématique.

Une fois le groupe créé, il faut inviter ses contacts pour enrichir le groupe et commencer à l'alimenter. Sur chaque profil de membre, les groupes auxquels ce membre appartient sont indiqués. Toute personne visitant un profil est donc susceptible de découvrir le groupe et d'y adhérer. Et plus le groupe est actif, plus il est visible. L'effet « boule de neige » commence à fonctionner.

POUR ALLER PLUS LOIN : RÉSEAUX SOCIAUX *VERSUS* E-MAILING

L'e-mailing, une solution en perte d'efficacité

Les campagnes d'e-mailing restent intéressantes, même si leur portée s'est nettement affaiblie, les internautes recevant une multitude de messages et autres lettres d'information.

Pour beaucoup, la réception de ces e-mails est perçue comme une « punition », conséquence d'une commande ou d'une demande d'information.

Les avantages des réseaux sociaux

Les réseaux sociaux offrent une alternative intéressante. Ils sont nettement moins intrusifs, les membres y adhérant d'eux-mêmes. Communiquer sur les réseaux offre aussi une image plus jeune et plus dynamique.

Avec la forte montée des téléphones communicants, beaucoup ont leur réseau à portée de main en permanence. C'est un argument marketing à ne pas oublier.

Communiquer sur l'Internet mobile

L'Internet mobile, accessible depuis les smartphones et tablettes, a introduit de nouvelles fonctionnalités à forte valeur ajoutée – comme la géolocalisation, les codes 2D ou la réalité augmentée.

La géolocalisation

Les nouveaux services des sites de e-commerce

La géolocalisation permet de connaître la position géographique des clients grâce à leur téléphone. Cette donnée peut être utilisée pour proposer des services supplémentaires à forte valeur ajoutée et ainsi se démarquer de la concurrence.

Exemple
En ayant connaissance de la position géographique des internautes, le e-commerçant pourra proposer un point de livraison ou une boutique proche de chez eux.

Le ciblage géographique

Il est également possible d'adapter le contenu d'un site en fonction de la position géographique du client.

Exemple
Pour un internaute se trouvant dans une station de sports d'hiver, le e-commerçant pourra proposer en page d'accueil de son site une promotion sur les équipements de ski.

Adapter le message publicitaire selon la position géographique de l'internaute garantit généralement un meilleur taux de clic sur les bannières.

Exemple
Les sites de rencontre exploitent souvent cette possibilité dans leurs bannières publicitaires en proposant aux internautes de rencontrer des personnes de la même ville ou des villes alentour.

Les réseaux sociaux et la géolocalisation

Les réseaux sociaux utilisent également cette technologie : partager avec ses « amis » le lieu de ses vacances ou sa présence dans la boutique d'une marque est devenu une habitude.

Exemple
Sur Instagram et Snapshat, il est courant de déclarer sa présence dans un lieu public ou même d'appliquer un filtre local sur ses posts, avec le nom de la ville où l'on se situe, ou la température extérieure.

La réalité augmentée

Un outil d'aide à la décision

Cette technologie digitale permet de superposer des objets virtuels sur l'environnement réel de l'utilisateur grâce à la caméra d'un smartphone ou avec une webcam.

Exemple
Des sites proposent au client d'essayer certains produits depuis son écran : la caméra du smartphone filme le client et superpose à son image le produit sélectionné. Le site afflelou.com propose ainsi aux internautes un miroir virtuel permettant de choisir ses lunettes. (➤ POUR ALLER PLUS LOIN)

Le couplage avec la géolocalisation

Les smartphones ont permis de coupler réalité augmentée et géolocalisation. De nombreuses applications informent les mobinautes sur un lieu (restaurant, distributeur de billets, station-service…) le plus proche de leur position géographique et indique le chemin à suivre grâce à la puce GPS et à la caméra du smartphone. Ce type d'application, que l'on peut créer pour promouvoir sa marque, donne de la visibilité à la boutique physique ou au site d'e-commerce.

Exemple

L'application « Ciao Fiat mobile » permet de retrouver son véhicule garé en ville et propose de trouver le concessionnaire Fiat le plus proche.

Les codes 2D

Le principe

Ces pictogrammes composés de pixels en noir et blanc peuvent être scannés par un smartphone muni d'un lecteur de code 2D.

Il existe deux principales normes de codes 2D :

– le QR Code (de l'anglais *Quick Response*), qui est la norme la plus répandue aujourd'hui. Ces codes peuvent contenir jusqu'à 4 296 caractères alphanumériques ;

– le Datamatrix, également appelé Flashcode, qui est visuellement très similaire au QR Code. Il est notamment utilisé par la NASA pour le marquage de pièces mécaniques ou encore sur les boîtes de médicaments.

Les usages

Les codes 2D ont de multiples usages. Une fois le code décrypté par le téléphone, il peut déclencher plusieurs actions :

– enregistrement d'une carte de visite dans la liste de contacts de son téléphone mobile ;

– envoi automatique d'un message électronique (SMS, MMS, e-mail) ;

– déclenchement d'un appel téléphonique,

– accès à un site Web.

Exemple

Les magasins But ont ajouté des codes 2D sur les produits de leur catalogue papier : ainsi, il est possible d'obtenir davantage d'informations sur les produits en renvoyant les lecteurs vers le site Web.

POUR ALLER PLUS LOIN : FAIRE PARLER DE SA MARQUE GRÂCE À LA RÉALITÉ AUGMENTÉE

La réalité augmentée reste encore très peu utilisée. Y recourir pour promouvoir son site e-commerce ou son entreprise peut permettre de se démarquer de la concurrence.

Exemple

En 2011, Nina Ricci proposait une application destinée à faire découvrir son nouveau parfum, « L'Air », et trouver les revendeurs Nocibé les plus proches grâce à la géolocalisation. La marque proposait également un jeu en réalité augmentée dans lequel il fallait retrouver les colombes dispersées dans plusieurs villes de France pour gagner un cadeau. Ce dispositif a fait parler de la marque et de son partenaire.

Gérer son image sur Internet

Avec l'avènement du Web 2.0, l'internaute est devenu un client potentiel mais aussi un risque potentiel, puisqu'il peut diffuser de l'information (ou de la désinformation) sur les produits de l'entreprise, voire sur l'entreprise elle-même…

Le Web 2.0 et les UGC

Les différences entre Web 1.0 et Web 2.0

Avec le Web 1.0, les choses étaient assez simples : l'entreprise préparait son communiqué ou sa publicité, puis elle le diffusait. Le récepteur (le client) le recevait.

Avec le Web 2.0, le récepteur se transforme en émetteur de messages, passant du statut de consommateur à celui de « consom'acteur » ou de « consom'auteur ». Si la publicité ou le produit lui plaît – ou pas ! –, il laisse un commentaire sur le site de l'entreprise, publie le lien sur son mur Facebook et sur son blog, envoie un e-mail à ses amis… Ces contenus générés par les internautes sont appelés *user generated content* (UGC).

Les avantages des UGC

Les contenus créés par les utilisateurs présentent de multiples intérêts pour les entreprises :

- l'information diffusée par les consommateurs est plus crédible qu'une publicité ;
- le coût de création du contenu est proche de zéro ;
- la proximité avec les utilisateurs est accentuée ;
- l'implication des utilisateurs est améliorée ;
- la fréquence de publication des contenus est meilleure ;
- les contenus sont plus riches et plus divers ;
- la fidélisation des utilisateurs est accrue.

Les inconvénients des UGC

Laisser le consommateur devenir « consom'acteur » est à double tranchant pour l'entreprise, car cette transparence peut ouvrir la voie à des commentaires positifs ou négatifs, qui peuvent affecter fortement et durablement une marque.

Cela oblige à vérifier sa e-réputation sur Internet, pour pouvoir réagir et ne pas subir une campagne de dénigrement ou un dérapage. Il est donc vital de surveiller, de stimuler et d'accompagner ces UGC. Cette tâche a d'ailleurs donné naissance à un nouveau métier : le *community manager*.

Surveiller sa e-réputation

Définition

L'e-réputation est l'image que les internautes se font d'une marque. On peut dire, pour simplifier, que l'image sur Internet d'une entreprise se construit :

- pour un tiers par la communication traditionnelle, que l'on pourrait appeler aussi « publicitaire » ;

– pour un tiers par la communication que la marque entretient avec les internautes de manière naturelle (sur les blogs, les forums…) ;

– pour un tiers par les propos que les internautes échangent sur la marque.

La veille : méthodologie

Les entreprises doivent surveiller leur e-réputation et son évolution. Pour mener une veille efficace, il faut respecter différentes étapes :

– s'approprier le concept : il s'agit de comprendre les enjeux, de définir l'image actuelle de l'entreprise pour mesurer les écarts entre image voulue et image perçue ;

– définir des sources : les sources où l'information peut être recherchée doivent être listées ;

> *Exemples*
> Blogs, wikis, forums, sites d'avis de consommateurs, etc.

– rechercher, en allant du général au spécialisé ;

> *Exemples*
> On peut commencer la recherche sur un moteur comme Google, ensuite consulter Twitter ou Facebook, et enfin vérifier sur des sites d'avis comme Trustpilot, les forums consommateurs etc.

– évaluer des sources : il faut évaluer le potentiel d'influence de chaque source, ainsi que sa capacité à diffuser de l'information ;

> *Exemple*
> On se demandera si les informations publiées pour chaque source sont reprises automatiquement par d'autres médias, et si oui, par combien de médias et à quelle vitesse.

– mettre les sources sous surveillance : de nombreux outils de veille sont disponibles ;

> *Exemples*
> Google Alerte, Mention, Brand Watch, Meltwalter.

– agir : il est nécessaire de définir une stratégie de réponse systématique, autant pour le positif que pour le négatif (*bad buzz*) et déterminer si la réponse doit provenir directement de l'entreprise (qui répond alors à visage découvert) ou d'un tiers.

> *Exemple*
> Pour répondre, l'entreprise pourra faire appel à un client réel de type ambassadeur de la marque, afin de renforcer le poids de la réponse.

Les tableaux de bord

Pour mesurer l'évolution de sa e-réputation, un tableau de bord peut constituer un outil pratique. Parmi les indicateurs à suivre, on peut citer :

– le nombre de messages échangés ;

– le nombre de commentaires ;

– la tonalité des avis (négatifs, neutres, positifs) ;

– le nombre de sujets de discussion sur la marque ;

– le nombre de parution sur les blogs ;

– la présence en première page de Google sur différentes requêtes ;

– le nombre de litiges (litiges standard et litiges juridiques) ;

– le taux de retour (erreur commande, erreur commerciale, produit défectueux, erreur de livraison…) ;

– le trafic du site Internet ;
– le volume d'appels vers la *hotline*.

Gérer son image

Surveiller les contenus

Ce qui est dit sur un individu ou sur une entreprise peut être surveillé de manière « empirique », par exemple en tapant son nom dans un moteur de recherche, ou plus professionnellement, en utilisant des outils spécialisés permettant de surveiller sites Web, blogs, etc., qui envoient une alerte sous forme d'e-mail ou de SMS dès qu'un contenu spécifique est détecté. (➤ Pour aller plus loin)

Exemple
Dow Jones propose des outils professionnels de surveillance : « Dow Jones Factiva » et « Dow Jones Insight ».

Plus tôt ce type de contenu est détecté, plus la réaction pourra être efficace.

Exemple
En 1999, des pneus de la marque Bridgestone équipant des véhicules Ford ont été à l'origine d'accidents ayant provoqué la mort de 148 personnes aux États-Unis. Le scandale et l'impact humain et économique furent énormes ; des usines Bridgestone durent même être fermées. Or, l'analyse des contenus postés sur le Web fit apparaître que, bien avant que le scandale éclate, des informations et des questions concernant des véhicules Ford équipés de pneus Bridgestone et les dangers possibles avaient été postées par des particuliers sur des sites Web. Si Bridgestone avait disposé d'un système de suivi de sa réputation, l'entreprise aurait pu réagir, procéder aux vérifications et récupérer les pneus dangereux. Cela aurait permis d'éviter un drame humain et économique.

Réagir rapidement aux contenus nocifs

La réaction de l'entreprise peut être graduée en plusieurs étapes :

– identifier la source exacte du contenu : il s'agit parfois d'un concurrent indélicat agissant sous un pseudonyme, parfois d'un client mécontent qui a été négligé ;

– tenter une approche amiable (remboursement, indemnisation, etc.) ;

– si le contenu est diffamatoire ou inexact, demander son retrait dans un premier temps de manière amiable ;

– en cas de résistance, si l'origine de l'attaque est clairement identifiée, ne pas hésiter à engager une procédure ;

Exemple
Une simple lettre d'avocat à la partie adverse suffit parfois.

– en cas de contenu réellement diffamatoire et causant un réel préjudice à l'entreprise ou à l'individu (utilisation de photographies, de logos…), ne pas hésiter à engager une procédure en référé (➤ Pour aller plus loin) ;

– en parallèle, agir directement sur le Web, soit en faisant appel à des clients « référents » à même de contrer l'attaque, soit en répondant systématiquement à chaque attaque. Ce type de réaction nécessite du temps et du professionnalisme ;

– enfin, noyer l'attaque dans de multiples réponses est une méthode possible.

Exemple
On peut reprendre les mots-clés utilisés par les détracteurs et poster sur le Web de nombreux articles favorables. Ainsi, l'article des détracteurs sera noyé au milieu d'une multitude de réponses aux requêtes sur le moteur de recherche.

Pour aller plus loin : Trois exemples de gestion de crise

➤ Le cas de Lacoste

En 2018 et 2019, la marque au crocodile a signé des partenariats avec deux personnalités du monde du rap. En 2020, les deux rappeurs ont été visés par des accusations d'agressions sexuelles et de violences. La réaction des internautes fit tellement grand bruit que cela a poussé la marque à mettre fin à ces collaborations.

➤ Le cas d'Amazon

En 2022, la marque de distribution Amazon a vécu un *bad buzz* sur les réseaux sociaux à la suite d'un jeu-concours lancé sur le compte Instagram d'Amazon Prime Video. Ce concours incitait les internautes à écrire en commentaire et à voter pour la meilleure « bio » qui viendrait remplacer l'actuelle. Un commentaire est sorti du lot : « Promis, on paiera nos impôts en France ». Celui-ci connut un tel succès qu'il devait normalement gagner le concours, mais Amazon choisit de l'ignorer ce qui déclencha la colère des internautes et intensifia encore plus le *bad buzz*.

➤ Le cas de Castorama

En juin 2016, Castorama a fait les frais d'un véritable *bad buzz*. En effet, le *community manager* de Castorama découvre, le 8 juin, une faille dans le moteur de recherche du site : les recherches des internautes restent enregistrées et sont ensuite proposées à tous les utilisateurs.

Castorama communique alors : « Nous réglons le problème ». Mais le bug s'ébruite et très vite les internautes affluent et s'amusent à taper des propositions de toutes sortes, drôles pour certaines (« scie maman scie tu voyais ma vie ») et outrageantes pour d'autres (propos xénophobes, antisémites, à caractère sexuel...).

Ce que le distributeur a d'abord présenté comme de l'humour se transforme donc rapidement en indignation sur les réseaux sociaux.

Le distributeur est obligé de fermer son site pendant 24 heures. « Merci à tous ceux qui nous ont soutenus, et encore désolés pour les propos inappropriés tenus par certains et auxquels vous avez pu être exposés », poursuivait l'enseigne à la remise en service du site. Le coût de ce piratage est estimé à 200 000 €.

Dépôt légal : août 2022 - N° de projet : 10280821
Achevé d'imprimer en France, en août 2022, sur les presses de l'Imprimerie Chirat - N° 202207.0097